SAĞLIKLI LAHANA VE KİMCHİ YEMEK KİTABI

Besin Açısından Zengin 100 Lahana ve Kimchi Kreasyonu Rehberi

KEMAL TURAN

Telif Hakkı Malzemesi ©2024

Her hakkı saklıdır

Bu kitabın hiçbir bölümü, incelemede kullanılan kısa alıntılar dışında, yayıncının ve telif hakkı sahibinin uygun yazılı izni olmadan, hiçbir şekilde veya yöntemle kullanılamaz veya aktarılamaz. Bu kitap tıbbi, hukuki veya diğer profesyonel tavsiyelerin yerine geçmemelidir.

İÇİNDEKİLER

- İÇİNDEKİLER 3
- GİRİİŞ 6
- BİR ÇEŞİT YÖRESEL KORE YEMEĞİ 7
  - 1. NAPA LAHANA KİMÇİSİ 8
  - 2. ÇIN LAHANASI VE BOK CHOY KIMCHI 10
  - 3. ÇIN KİMÇİSİ 13
  - 4. BEYAZ KİMÇİ 15
  - 5. TURP KİMCHİ 17
  - 6. SALATALIKLI HIZLI KİMCHİ 20
  - 7. VEGAN KİMÇİ 22
  - 8. BAECHU KİMCHİ (BÜTÜN LAHANA KİMCHİ) 24
  - 9. BEYAZ TURP KIMCHI/ KKAKDUGI 26
  - 10. CHIVE KIMCHI/PA-KIMCHI 29
  - 11. BİBERLİ SOĞAN KİMCHİ 31
  - 12. YEŞİL LAHANA KİMÇİSİ 34
  - 13. MİNİ SALATALIK KİMÇİ DOLMASI 36
- KIMCHI İLE YEMEK YAPMAK 38
  - 14. KIMCHI TAVADA KIZARTMA/KIMCHI- BOKKEUM 39
  - 15. KİMÇİ ERİŞTE 41
  - 16. KİMCHİ SPAM'LI KIZARMIŞ PİLAV 43
  - 17. YAVAŞ TENCERE CONGEE KAHVALTI KASELERİ 46
  - 18. KIMCHILI SIĞIR ETİ VE BROKOLİ KASELERİ 48
  - 19. DOMUZ ETİ VE KİMCHİ TAVADA KIZARTMA/KIMCHİ- JEYUK 50
  - 20. ERIŞTESİ VE KIMCHI İLE DANA KASELERİ 52
  - 21. KIMÇI KIZARTMASI 55
  - 22. KORE SIĞIR ETİ VE SOĞAN TACOS 57
  - 23. KORE KİMCHI JJİGAE (GÜVEÇ) 59
  - 24. KİMCHİ VE TOFU ÇORBASI 61
  - 25. KİMCHİ VE MAVİ PEYNİRLİ KRUVASAN 63
  - 26. KİMCHİ ERİŞTE SALATASI 66
  - 27. MAYO POKE İLE SOMON VE KIMCHI 68
  - 28. KİMCHİ SOMON POKE 70
  - 29. KORE BARBEKÜ DOMUZ POKE KASESİ 72
  - 30. PROBİYOTİK ÇİN BÖREĞİ 74
  - 31. KİMÇİ RAMEN 77
  - 32. FERMENTE SEBZE YAHNİ 79
  - 33. KİNOA VE KİMCHI SALATASI 81
  - 34. PROBİYOTİK GUACAMOLE 83
  - 35. KİMÇİ SOSU 85
  - 36. KUŞBAŞI DAIKON TURP KİMCHİ 87

37. Lezzetli Krepler ... 89
38. Pastırma ve Tavuklu Kimchi Paella ... 91
39. Kore Sığır Eti ve Kimchi Izgara Peyniri ... 94
40. Kore Brisketi ve Kimchi Burger ... 96
41. Soya Kıvırcık Kimchee Çin Böreği ... 99
42. Tek Kapta Kimchi Ramen ... 101
43. Kimchi Pilav ... 104
44. Kimchi Lahana Salatası ... 106
45. Kimchi Quesadillas ... 108
46. Kimchi Avokado Tostu ... 110
47. Kimchi Tofu Tavada Kızartma ... 112
48. Kimçi Humus ... 114
49. Kimchi Suşi Ruloları ... 116
50. Kimchi Acılı Yumurta ... 118
51. Kimchi Sezar Salatası ... 120
52. Kimçi Guacamole ... 122
53. Kimchi Krepleri/ Kimchijeon ... 124
54. Kimchi Soslu Çin Lahana Salatası ... 126

LAHANA TURŞUSU ... 128

55. Klasik Lahana Turşusu ... 129
56. Piccalilli ... 131
57. Temel Lahana turşusu ... 133
58. Baharatlı Asya Lahana Turşusu ... 135
59. Elma Sirkesi Lahana Turşusu ... 137
60. Dereotu ve Sarımsak Turşusu Lahana ... 139

LAHANA İLE PİŞİRME ... 141

61. Kırmızı Lahana Lahana Salatası ... 142
62. Fiji Tavuk Pirzolası Suey ... 144
63. Beyaz Lahana ve Patates ... 146
64. Yeşil Sebzeli Tostadas ... 148
65. Pazı ve Brokoli Suyu ... 150
66. Turp Lahana Salatası ... 152
67. Lahanalı Gökkuşağı Salatası ... 154
68. Mikro Yeşillikler ve Kar Bezelye Salatası ... 156
69. Acı tatlı Nar Salatası ... 158
70. Serin Somon Severler Salatası ... 160
71. Mantarlı Pirinç Kağıdı Ruloları ... 162
72. Asya Gnocchi Salatası ... 165
73. Lahana Köfte ... 167
74. Tayvanlı Kızarmış Pirinç Erişteşi ... 169
75. Lahana ve Edamame Sararları ... 171
76. Kupada Yumurta Kızarmış Pilav ... 173
77. Lahana Lazanyası ... 175

78. Japon Lahanası Okonomiyaki 177
79. Kırmızı Lahana Greyfurt Salatası 179
80. Lahana ve Domuz Gyoza 181
81. Vejetaryen Wonton Çorbası 183
82. Lahana Balık Tacos 185
83. Lahana Salatası ile Domuz Bonfile Crostini 187
84. Şeftali ve Lahana Mikro Yeşillikli Açaí Kase 190
85. Meyve ve Lahana Salatası 192
86. Pancar ve Mozzarellalı Kırmızı Kadife Salata 194
87. Lahana ve Portakal Suyu 196
88. Çıtır Yosunlu Bahar Lahana Çorbası 198
89. Lahana ve Nar Salatası 200
90. Turşu Goji Meyveleri ile Dana Salatası 202
91. Lahana ve Pancar Çorbası 205
92. Krizantemli Kırmızı Lahana 207
93. Lahana Tavada Kızartma 209
94. Doldurulmuş Lahana Ruloları 211
95. Lahana ve Sosis Çorbası 213
96. Limon Soslu Lahana Salatası 215
97. Lahana ve Patates Körisi 217
98. Lahana ve Karides Tavada Kızartma 219
99. Lahana ve Mantar Tavada Kızartma 221
100. Lahana ve Fıstık Salatası 223

ÇÖZÜM **225**

GİRİİŞ

Besin açısından zengin lahana dünyasını ve lezzetli kimchi hazırlama sanatını keşfetmeniz için nihai rehberiniz "Sağlıklı Lahanalar ve Kimchi Yemek Kitabı"na hoş geldiniz. Bu yemek kitabı, lahanaların inanılmaz çeşitliliğini ve fermantasyonun dönüştürücü gücünü kutluyor ve bu sağlıklı malzemelerle mutfak deneyimlerinizi zenginleştirecek 100 tarif sunuyor. Lahana ve kimçinin sağlığa faydalarını ve cesur lezzetlerini sofranıza getiren bir yolculuğa bize katılın.

Taze lahana aromaları ve fermente kimçinin keskin, baharatlı notalarıyla dolu bir mutfak hayal edin. "Sağlıklı Lahanalar ve Kimchi Yemek Kitabı" yalnızca tariflerden oluşan bir koleksiyon değildir; mevcut çeşitli lahanaların ve kimchi'nin yemeklerinizi zenginleştirebileceği sayısız yolun araştırılmasıdır. İster bir kimchi uzmanı olun, ister fermente gıdalar dünyasında yeni biri olun, bu tarifler size lahananın faydalarını ve kimchi yapma sanatını benimsemeniz için ilham vermek üzere hazırlandı.

Klasik Napa lahana kimchisinden kırmızı lahana, Savoy lahanası ve daha fazlasını kullanan yaratıcı kreasyonlara kadar her tarif, lahanaların sofranıza getirdiği besin zenginliği ve cesur tatların bir kutlamasıdır. İster geleneksel bir Kore ziyafeti hazırlayın, ister füzyon yemekleri deneyin, ister günlük yemeklerinize besleyici bir tat katmak isteyin, bu yemek kitabı lahana ve kimchi dünyasını keşfetmek için başvuracağınız kaynaktır.

Lahana ve kimçinin sağlık açısından faydalarını, lezzetlerini ve kültürel önemini keşfederken bize katılın; burada her bir yaratım, bu mütevazı ama güçlü bileşenlerin çok yönlülüğü ve canlılığının bir kanıtıdır . Öyleyse lahanalarınızı toplayın, fermantasyon sanatını benimseyin ve "Sağlıklı Lahanalar ve Kimchi Yemek Kitabı" ile bir mutfak macerasına atılalım.

BİR ÇEŞİT YÖRESEL KORE YEMEĞİ

1.Napa Lahana Kimçisi

İÇİNDEKİLER:
- 1 napa lahanası, çapraz olarak 2 inçlik parçalar halinde kesilmiş
- ½ orta boy daikon turp, soyulmuş ve uzunlamasına dörde bölünmüş,
- daha sonra ½ inç kalınlığında parçalar halinde
- 2 yemek kaşığı deniz tuzu
- ½ bardak su
- 2 inç uzunluğa dilimlenmiş 2 yeşil soğan
- 3 diş sarımsak, kıyılmış
- 1 yemek kaşığı rendelenmiş taze zencefil
- 1 yemek kaşığı Kore biber tozu

TALİMATLAR:
a) Lahana ve dakon parçalarını geniş bir karıştırma kabına yerleştirin.
b) Tuzu ve suyu ayrı küçük bir kaseye koyun; çözünene kadar karıştırın. Sebzelerin üzerine dökün. Yumuşaması için gece boyunca oda sıcaklığında bekletin.
c) Ertesi gün, sebzelerin ıslatıldığı tuzlu suyu ayırıp süzün. Yeşil soğanı, sarımsağı, zencefili ve kırmızı biber tozunu lahana karışımına ekleyin ve iyice karıştırın.
ç) Karışımı ½ galonluk kapaklı bir cam kavanoza sıkıca doldurun. Kaydedilen tuzlu suyu kavanozun içine dökün ve üstte 1 inç boşluk bırakın. Kapağı sıkıca kapatın.
d) Kavanozu 2 ila 3 gün boyunca serin ve karanlık bir yerde bırakın (sıcaklığa ve kimçinizi ne kadar turşu ve fermente istediğinize bağlı olarak). Açtıktan sonra buzdolabında saklayın.
e) Buzdolabında birkaç hafta saklanacak.

2.Çin Lahanası ve Bok Choy Kimchi

İÇİNDEKİLER:
- 3 yemek kaşığı rafine edilmemiş iri deniz tuzu veya 1½ yemek kaşığı ince deniz tuzu
- 3 bardak filtrelenmiş, klorsuz su
- 1 pound Çin lahanası, iri kıyılmış
- 3 baş bebek Çin lahanası, iri kıyılmış
- 4 turp, iri doğranmış
- 1 küçük soğan
- 3 diş sarımsak
- 1 2 inçlik parça zencefil
- 3 biber

TALİMATLAR:

a) Tuzlu suyu oluşturmak için tuz eriyene kadar su ve deniz tuzunu karıştırın. Bir kenara koyun.
b) Lahanayı, Çin lahanasını ve turpları irice doğrayın. Karıştırın ve küçük bir tencereye veya kaseye yerleştirin.
c) Salamurayı sebze karışımının üzerine kaplanana kadar dökün.
ç) Güveç veya kasenin içine sığacak bir tabak yerleştirin ve onu gıdaya uygun ağırlıklar, bir kavanoz veya suyla dolu başka bir kase ile tartın. Örtün ve en az 4 saat veya gece boyunca bekletin.
d) Bir macun oluşturmak için soğanı, sarımsağı, zencefili ve biberleri bir mutfak robotunda püre haline getirin.
e) Salamurayı sebzelerden boşaltın ve daha sonra kullanmak üzere saklayın. Tuzluluk açısından sebze karışımını tadın.
f) Tadı çok tuzluysa durulayın veya gerekirse bir tutam deniz tuzu ekleyin.
g) Sebzeleri ve baharat karışımını iyice birleşene kadar karıştırın.
ğ) Sebzeleri su altında tutmak için gerekirse az miktarda salamura ekleyerek küçük bir güveç veya kaseye sıkıca koyun. Sebzeleri bir tabak ve gıdaya uygun bir ağırlıkla tartın. (Ağırlık görevi görmesi için kalan tuzlu suyla doldurulmuş daha küçük bir cam veya seramik kase kullanıyorum.
h) İlave salamuraya ihtiyacınız varsa veya sebze karışımı kaseye ulaşacak kadar genişlerse aynı salamurayı içerir.) Kapağını kapatın.
ı) Yaklaşık 1 hafta veya daha keskin bir kimchi tercih ederseniz daha uzun süre fermente edin.
i) Kapaklı bir cam kaseye veya kavanoza koyun ve soğutun. Hızlı ve lezzetli bir akşam yemeği için garnitür, çeşni olarak veya erişte erişetesi üzerine kahverengi pirinç üzerine servis yapın.

3.Çin Kimçisi

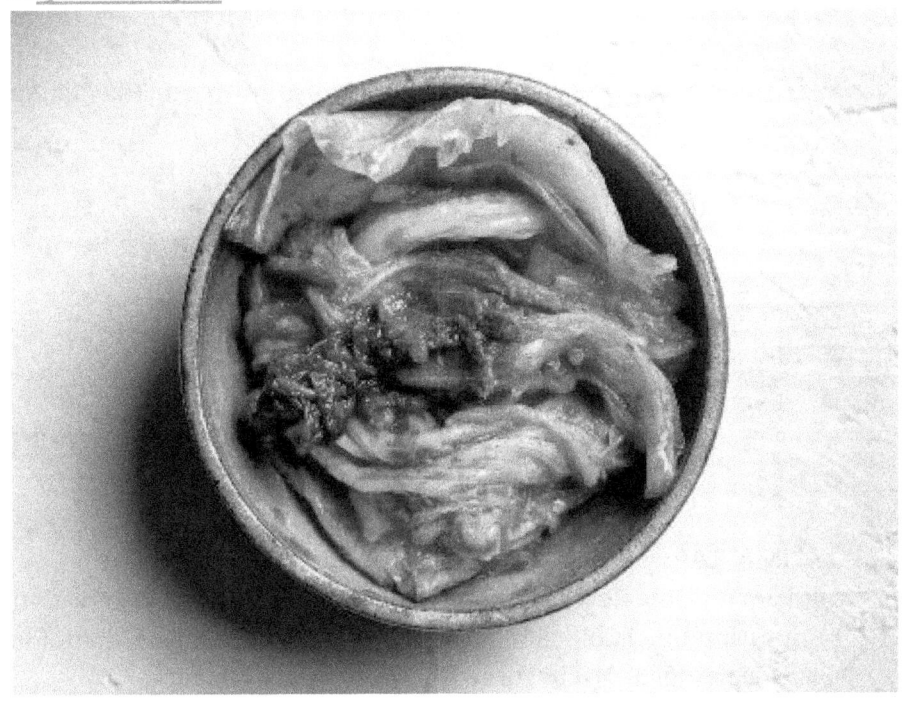

İÇİNDEKİLER:
- 1 baş napa veya Çin lahanası, doğranmış
- 3 havuç, rendelenmiş
- 1 büyük daikon turp, rendelenmiş veya bir bardak küçük kırmızı turp, ince dilimlenmiş
- 1 büyük soğan, doğranmış
- 1/4 bardak dulse veya nori deniz yosunu gevreği
- 1 yemek kaşığı şili biber gevreği
- 1 yemek kaşığı kıyılmış sarımsak
- 1 yemek kaşığı kıyılmış taze zencefil
- 1 yemek kaşığı susam
- 1 yemek kaşığı şeker
- 2 çay kaşığı kaliteli deniz tuzu
- 1 çay kaşığı balık sosu

TALİMATLAR:
a) Tüm malzemeleri geniş bir kapta karıştırın ve 30 dakika bekletin.
b) Karışımı büyük bir cam kavanoza veya 2 küçük kavanoza doldurun. Sıkıca aşağı doğru bastırın.
c) Oksijeni dışarıda tutmak ve sebzeleri tuzlu suyun altında tutmak için üstüne su dolu bir Ziploc torbası koyun.
ç) Kapağını gevşek bir şekilde kapatıp en az 3 gün mayalanmaya bırakın. 3 gün sonra tadın ve tadının yeterince ekşi olup olmadığına karar verin. Bu kişisel zevk meselesi, bu yüzden beğenene kadar denemeye devam edin!
d) Tadından memnun kaldığınızda, kimchi'yi buzdolabında aylarca mutlu bir şekilde saklayabilirsiniz, eğer o kadar uzun sürerse!

4.Beyaz Kimçi

İÇİNDEKİLER:

- 1 büyük Napa lahanası (yaklaşık 2½ pound), dörde bölünmüş, sapı çıkarılmış ve 1 inçlik parçalar halinde kesilmiş
- 2 inç uzunluğunda şeritler halinde kesilmiş 1 büyük havuç
- 1 büyük siyah İspanyol turpu veya 3 kırmızı turp, jülyen doğranmış
- 1 kırmızı dolmalık biber, çekirdeği çıkarılmış, çekirdeği çıkarılmış ve jülyen doğranmış
- 3 dal yeşil soğan veya frenk soğanı, 1 inçlik parçalar halinde doğranmış
- 2 armut, sapları çıkarılmış, çekirdekleri çıkarılmış ve dörde bölünmüş
- 3 diş sarımsak, soyulmuş
- ½ küçük soğan, dörde bölünmüş
- 1 inç parça taze zencefil
- 3 yemek kaşığı rafine edilmemiş ince deniz tuzu veya 6 yemek kaşığı rafine edilmemiş iri deniz tuzu
- 6 su bardağı filtrelenmiş su

TALİMATLAR:

a) Büyük bir kapta lahana, havuç, turp, dolmalık biber ve yeşil soğanları birleştirin.

b) Armut, sarımsak, soğan ve zencefili bir mutfak robotunda birleştirin ve püre haline getirin. Armut karışımını doğranmış sebzelerin üzerine dökün. Tuzu ekleyin ve tüm sebzeleri, armut püresi ve tuzla eşit şekilde kaplanana kadar bir araya getirin.

c) Sebze karışımını geniş bir tencereye koyun ve üzerine suyu dökün.

ç) Sebzeleri örtmek ve suyun altında tutmak için kabın içine sığacak bir tabak yerleştirin.

d) Sebzeleri su altında tutmak için gıdaya uygun ağırlıklar veya suyla dolu bir cam kase veya kavanozu tabağın üzerine yerleştirin.

e) Bir kapakla örtün ve serin, bozulmamış bir yerde yaklaşık bir hafta veya istediğiniz keskinlik seviyesine ulaşana kadar saklayın.

f) Kimchi'nin bir yıla kadar dayanacağı kavanozlara veya kaseye aktarın, üzerini örtün ve soğutun.

5.Turp Kimchi

İÇİNDEKİLER:
- 2 pound Kore turpu (mu), soyulmuş ve 1 inçlik küpler halinde kesilmiş
- 2 yemek kaşığı kaba deniz tuzu
- 2 diş sarımsak, kıyılmış
- 1 çay kaşığı zencefil, rendelenmiş
- 2 yemek kaşığı Kore kırmızı biber gevreği (gochugaru)
- 1 yemek kaşığı balık sosu (umami aroması için isteğe bağlı)
- 1 yemek kaşığı soya sosu (isteğe bağlı, daha fazla lezzet derinliği için)
- 1 yemek kaşığı şeker
- 4 yeşil soğan, doğranmış
- 1 küçük havuç, jülyen doğranmış (isteğe bağlı)

TALİMATLAR:

a) Turp küplerini geniş bir karıştırma kabına yerleştirin. Tuzu turpların üzerine serpin ve eşit şekilde kaplayacak şekilde fırlatın. Nemini serbest bırakmak için yaklaşık 30 dakika bekletin.

b) Fazla tuzu gidermek için turp küplerini soğuk su altında durulayın. İyice süzün ve temiz, kuru bir kaba aktarın.

c) Ayrı bir kapta kıyılmış sarımsak, rendelenmiş zencefil, Kore kırmızı pul biberi, balık sosu (kullanılıyorsa), soya sosu (kullanılıyorsa) ve şekeri birleştirin. Macun benzeri bir karışım oluşturmak için iyice karıştırın.

ç) Macunu turp küplerine ekleyin ve turpları baharatla eşit şekilde kaplayacak şekilde fırlatın. Yeşil soğanları ve havuçları (kullanılıyorsa) ekleyin ve her şeyi karıştırın.

d) Baharatlı turp karışımını temiz bir cam kavanoza sıkıca koyun ve hava ceplerini çıkarmak için aşağı doğru bastırın. Üstte yaklaşık bir inç boşluk bırakın.

e) Kavanozu bir kapakla kapatın ancak fermantasyon sırasında gazın kaçmasına izin vermek için kapağını sıkıca kapatmayın. Kavanozu dolap veya kiler gibi serin ve karanlık bir yere koyun ve 2 ila 5 gün boyunca mayalanmasını bekleyin. Kimchiyi her gün kontrol edin ve turpların oluşacak sıvının içinde kalmasını sağlamak için temiz bir kaşıkla bastırın.

f) İstediğiniz fermantasyon seviyesini kontrol etmek için 2 gün sonra kimchiyi tadın. Tercih ettiğiniz keskin ve hafif ekşi tadı geliştirdiyse, fermantasyon sürecini yavaşlatmak için kavanozu buzdolabına aktarın. Aksi takdirde istediğiniz tada ulaşana kadar birkaç gün daha fermantasyona devam edin.

g) Turp kimchisinin tadını hemen çıkarabilirsiniz, ancak buzdolabında fermente edildikçe lezzet geliştirmeye devam edecektir. Buzdolabında birkaç hafta saklanabilir.

6.Salatalıklı Hızlı Kimchi

İÇİNDEKİLER:

- 2 salatalık, ince dilimlenmiş
- 1 yemek kaşığı deniz tuzu
- 1 yemek kaşığı rendelenmiş zencefil
- 2 diş sarımsak, kıyılmış
- 2 yemek kaşığı pirinç sirkesi
- 1 yemek kaşığı şeker
- 1 yemek kaşığı Kore kırmızı biber gevreği (gochugaru)

TALİMATLAR:

a) Salatalık dilimlerini deniz tuzu ile karıştırın ve 30 dakika bekletin. Fazla suyu boşaltın.
b) Kimchi ezmesini oluşturmak için bir kasede zencefil, sarımsak, pirinç sirkesi, şeker ve kırmızı biber gevreğini karıştırın.
c) Salatalık dilimlerini bu macunla kaplayın ve bir kavanoza koyun. Servis yapmadan önce en az 2 saat buzdolabında bekletin.

7.Vegan Kimçi

İÇİNDEKİLER:

- 1 orta boy Napa lahanası
- 1 bardak Kore turpu (mu), jülyen doğranmış
- 1/2 bardak Kore kaba deniz tuzu
- 1 yemek kaşığı rendelenmiş zencefil
- 4 diş sarımsak, kıyılmış
- 3 yemek kaşığı soya sosu
- 2 yemek kaşığı şeker
- 1 yemek kaşığı Kore kırmızı biber gevreği (gochugaru)

TALİMATLAR:

a) Napa lahanasını ısırık büyüklüğünde parçalar halinde kesin ve Kore turpunu julienne yapın.

b) Büyük bir kapta lahana ve turpları Kore kaba deniz tuzu ile serpin. Eşit kaplama sağlamak için iyice atın. Ara sıra çevirerek yaklaşık 2 saat bekletin.

c) Fazla tuzu gidermek için lahanayı ve turpu soğuk su altında iyice durulayın. Drenaj yapın ve bir kenara koyun.

ç) Ayrı bir kapta rendelenmiş zencefil, kıyılmış sarımsak, soya sosu, şeker ve Kore kırmızı pul biberini (gochugaru) karıştırarak bir macun oluşturun.

d) Lahana ve turpları iyice kaplayacak şekilde macunla kaplayın.

e) Karışımı temiz, hava geçirmez bir kaba aktarın ve hava kabarcıklarını çıkarmak için aşağı doğru bastırın. Fermantasyona izin vermek için üstte biraz boşluk bırakın.

f) Kabı kapatın ve oda sıcaklığında yaklaşık 2-3 gün mayalanmasını bekleyin. Daha sonra buzdolabında saklayın.

8.Baechu Kimchi (Bütün Lahana Kimchi)

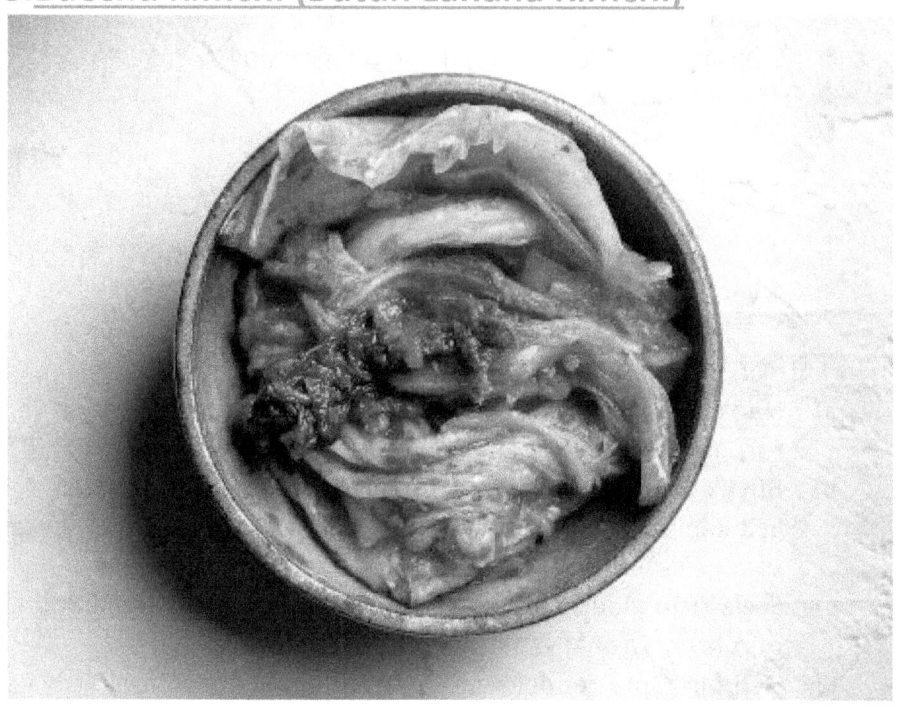

İÇİNDEKİLER:
- 1 bütün Napa lahanası
- 1 bardak Kore turpu (mu), jülyen doğranmış
- 1/2 bardak Kore kaba deniz tuzu
- 1 bardak su
- 1 yemek kaşığı rendelenmiş zencefil
- 5 diş sarımsak, kıyılmış
- 3 yemek kaşığı balık sosu
- 2 yemek kaşığı soya sosu
- 2 yemek kaşığı şeker
- 2 yemek kaşığı Kore kırmızı biber gevreği (gochugaru)

TALİMATLAR:
a) Napa lahanasının tamamını uzunlamasına ikiye bölün ve ardından her bir yarıyı üçe bölün. Bu altı parçayla sonuçlanacaktır.

b) Kore kaba deniz tuzunu bir bardak suda eritin. Lahanayı ve Kore turpunu bu tuzlu su karışımına cömertçe serpin, yaprakların arasına girdiğinden emin olun. Ara sıra çevirerek yaklaşık 2 saat bekletin.

c) Fazla tuzu gidermek için lahanayı ve turpu soğuk su altında iyice durulayın. Drenaj yapın ve bir kenara koyun.

ç) Bir kasede rendelenmiş zencefil, kıyılmış sarımsak, balık sosu, soya sosu, şeker ve Kore kırmızı pul biberini (gochugaru) karıştırarak bir macun oluşturun.

d) Her bir lahana yaprağını ve turp parçasını macunla kaplayın ve iyice kaplandıklarından emin olun.

e) Tüm lahana şeklini yeniden oluşturmak için lahana parçalarını tekrar bir araya getirin.

f) Bütün lahanayı temiz, hava geçirmez bir kaba aktarın, hava kabarcıklarını çıkarmak için aşağı doğru bastırın. Fermantasyona izin vermek için üstte biraz boşluk bırakın.

g) Kabı kapatın ve oda sıcaklığında yaklaşık 2-3 gün mayalanmasını bekleyin. Daha sonra buzdolabında saklayın.

9. Beyaz Turp Kimchi / Kkakdugi

İÇİNDEKİLER:
SALAMURA
- 1,5 kg (3 lb 5 oz) soyulmuş beyaz turp (daikon), siyah turp veya şalgam
- 40 gr (1½ oz) kaba deniz tuzu
- 50 gr (1¾ oz) şeker
- 250 ml (1 su bardağı) maden suyu

MARİNA
- 60 gr (2¼ oz) gochugaru toz biber
- 110 gr (3¾ oz) sade (çok amaçlı) un çorbası
- ½ armut
- ½ soğan
- 50 gr (1¾ oz) fermente hamsi sosu
- 60 gr (2¼ oz) diş sarımsak
- 1 çay kaşığı öğütülmüş zencefil
- 5 cm (2 inç) pırasa (beyaz kısmı)
- ½ yemek kaşığı deniz tuzu 2 yemek kaşığı şeker

TALİMATLAR:

a) Turpu 1,2 cm (½ inç) kalınlığında dilimler halinde kesin, ardından her bir bölümü dörde bölün. Bunları bir kaseye koyun ve kaba deniz tuzu, şeker ve maden suyunu ekleyin. Şeker ve tuzun iyice birbirine geçmesi için elinizle iyice karıştırın. Oda sıcaklığında yaklaşık 4 saat bekletin. Turp parçaları elastik hale gelince salamura yapılır. Turp parçalarını bir kez suda durulayın. En az 30 dakika kadar süzülmelerine izin verin.

b) Marine için, gochugaru'yu soğuk sade un çorbasına karıştırın (pirinç unu çorbasıyla aynı hazırlama tekniği, sayfa 90). Armut, soğan ve fermente hamsi sosunu küçük bir mutfak robotunda püre haline getirin ve gochugaru sade un karışımıyla karıştırın. Sarımsakları ezin ve öğütülmüş zencefille birlikte karışıma karıştırın. Pırasayı ince dilimler halinde kesin ve karışıma karıştırın. Baharatı deniz tuzu ve şekerle tamamlayın.

c) Turp parçalarını turşuyla birleştirin. Hava geçirmez bir kaba yerleştirin ve %70'e kadar doldurun. Plastik ambalajla örtün ve mümkün olduğunca fazla havayı çıkarmak için bastırın.

ç) Kapağı sıkıca kapatın. Karanlıkta oda sıcaklığında 24 saat bekletin ve ardından buzdolabında 6 aya kadar saklayın. Bu kimchinin tadı, iyi fermente edildiğinde en iyi halini alır, yani yaklaşık 3 hafta sonra.

10.Chive Kimchi/Pa-Kimchi

İÇİNDEKİLER:
SALAMURA
- 400 gr (14 ons) sarımsak frenk soğanı
- 50 gr (1¾ oz) fermente hamsi sosu

MARİNA
- 40 gr (1½ oz) gochugaru toz biber
- 30 gr (1 oz) pirinç unu çorbası
- ¼ armut
- ¼ soğan
- 25 gr (1 oz) diş sarımsak
- 1 yemek kaşığı konserve limon
- ½ çay kaşığı öğütülmüş zencefil 1 yemek kaşığı şeker

TALİMATLAR:
a) Frenk soğanı saplarını iyice yıkayıp, köklerini çıkarın. Frenk soğanı demetini, soğanları aşağı bakacak şekilde büyük bir kaseye yerleştirin. Hamsi sosunu frenk soğanlarının üzerine doğrudan en alt kısma dökün. Tüm saplar iyice nemlendirilmelidir. Sosu elinizle aşağıdan yukarıya doğru yaymaya yardımcı olun. Her 10 dakikada bir, sosu kabın dibinden sapların üstüne kadar aynı şekilde hareket ettirin ve 30 dakika boyunca bunu yapmaya devam edin.

b) Biber tozunu pirinç unu çorbasına karıştırın . Armut ve soğanı küçük bir mutfak robotunda püre haline getirin ve sarımsakları ezin. Pirinç unu çorbasıyla karıştırın. Karışımı frenk soğanı içeren kaseye dökün. Korunmuş limonu, öğütülmüş zencefili ve şekeri ekleyin. Her bir frenk soğanı sapını marine ile kaplayarak karıştırın.

c) %70'e kadar doldurarak hava geçirmez bir kaba yerleştirin. Plastik ambalajla örtün ve mümkün olduğunca fazla havayı çıkarmak için bastırın.

ç) Kapağı sıkıca kapatın. Oda sıcaklığında 24 saat karanlıkta beklettikten sonra buzdolabında 1 aya kadar saklayın.

11. Biberli Soğan Kimchi

İÇİNDEKİLER:
- 4 demet (yaklaşık 35 sap) taze veya yeşil soğan
- 2 yemek kaşığı. koşer tuzu
- 4 diş sarımsak
- 1 inç parça taze zencefil, derisi alınmış
- 1 çorba kaşığı. kırmızı tekne balığı sosu veya MSG ve koruyucu madde içermeyen diğer balık sosu (vegan kimchi istiyorsanız atlayın)
- ½ bardak kaba acı biber gevreği (gochugaru)

TALİMATLAR:

a) Taze soğanları yıkayın, köklerini kesin, dıştaki ince tabakayı soyun ve soğanların etrafındaki eski veya hasarlı görünen yeşil kısımları çıkarın. Soğanlar temizlenip hazırlandığında tekrar soğuk suyla durulayın.

b) Soğanları Pyrex marka 9 x 13 inçlik bir pişirme kabı gibi bir cam tabağa yerleştirin. Soğanların üzerine tuz serpin. Tuzu soğanların etrafına eşit şekilde karıştırmak için ellerinizi kullanın ve 2 saat bekletin. 1 saat sonra soğanları karıştırın. 2 saat sonra tuzu soğuk suyla durulayın ve bir kevgir içinde süzülmesine izin verin.

c) Bir mutfak robotunda sarımsak, zencefil ve balık sosunu ekleyin ve püre haline gelene kadar çalıştırın. Karışımı orta boy bir kaseye aktarın ve acı biber pullarını ekleyin. İyice karıştırın.

ç) Pyrex marka 9 x 13 inçlik pişirme kabı gibi başka bir büyük cam tabakta, durulanmış soğanları ve biber karışımını ekleyin. Soğanları 2 inçlik parçalar halinde kesin. Taze soğanları karışıma iyice bulayıp tekrar karıştırın. Kimchi bazında boğulmuş soğanları temiz bir kavanoza veya tercih ettiğiniz başka bir fermentasyon kabına aktarın.

d) Soğanları iyice paketleyin, ancak soğanlardan kavanozun kenarına kadar yaklaşık 1 inç boşluk bırakın.

e) Toz ve böceklerin mayanıza girmesini önlemek için her kavanozu veya kabı bir tülbent veya başka bir nefes alabilen örtü ile örtün. Veya kavanozda mayalanıyorsa konserve kavanozunun kapağını da ekleyip halkayı sıkıca vidalayabilirsiniz. Kapağı eklerseniz, fermantasyon sırasında oluşan birikmiş gazı serbest bırakmak için fermenti her gün "geğirmeniz" gerekecektir. Oda sıcaklığında, ideal olarak 60°F (16°C) ile 75°F (24°C) arasında saklayın. direkt güneş ışığından uzak tutun.

f) Oda sıcaklığında 2 gün mayalandırın, hava geçirmez bir kaba aktarın ve buzdolabına aktarın. Soğan karışımı buzdolabında yavaş yavaş mayalanmaya devam edecektir. Mayayı istediğiniz zaman yiyebilirsiniz, ancak tatlar değişmeye devam edecek ve ideal olarak iki hafta civarında en iyi seviyeye ulaşacaktır.

12.Yeşil Lahana Kimçisi

İÇİNDEKİLER:
- 1 tarif Temel Yeşil Lahana Lahana turşusu, 2 inç kareler halinde dilimlenmiş
- 5 yemek kaşığı Kimçi Sosu

TALİMATLAR
a) Büyük kapta tuzu ve suyu birleştirin; tuzu çözmek için karıştırın. Lahanayı ekleyin ve 2 saat bekletin.
b) Lahananın suyunu boşaltıp atın. Ellerinizi korumak için eldiven takın, Kimchi Sosunu ekleyin ve lahanayı ovalayın.
c) Karışımı yarım litrelik bir cam kavanoza koyun ve kapağını sıkıca kapatın. Bir gün oda sıcaklığında bekletin. Açıldıktan sonra buzdolabında saklayın.
ç) Buzdolabında 2 hafta kadar saklanacak.

13. Mini Salatalık Kimçi Dolması

İÇİNDEKİLER:
- 8 mini salatalık
- 1 yemek kaşığı deniz tuzu

İSTİFLEME
- 1 bardak jülyen doğranmış daikon turpu
- ¼ bardak jülyen doğranmış sarı soğan
- 2 jülyen doğranmış yeşil soğan
- 2 yemek kaşığı Kimçi Sosu

TALİMATLAR:

a) Her salatalığı uzunlamasına dilimleyin ve alt kısmında kesilmemiş 1 inç bırakın. Döndürün ve tekrar uzunlamasına kesin, yine altta 1 inç kesilmemiş bırakın. (1 inçlik taban, her salatalığın dilimlenmiş dört çeyreğini bir arada tutar.)

b) Salatalıkları küçük bir tepsinin veya kasenin dibine yerleştirin ve etin içine ve salatalıkların dışına tuz serpin. 2 saat oda sıcaklığında bekletin.

c) Salatalıklardaki sıvıyı boşaltın ve atın.

ç) Ayrı bir kapta iç harcı malzemelerini birleştirin ve iyice karıştırın. Salatalık başına doldurma karışımının sekizde birini kullanın, her salatalığın açık alanlarını doldurun, salatalık çeyreklerini doldurmaya sıkıca oturtun.

d) çukurların etrafında fazla hava bırakacak kavanozları seçmeyin). Kapakları sıkıca kapatın ve ertesi gün keyfini çıkarın.

e) Buzdolabında 3 gün saklanacak.

KIMCHI İLE YEMEK YAPMAK

14. Kimchi Tavada Kızartma/Kimchi- Bokkeum

İÇİNDEKİLER:

- 2 çeyrek Çin lahanası kimchi
- 3 cm (1¼ inç) pırasa (beyaz kısım)
- 2 yemek kaşığı nötr bitkisel yağ
- 1½ yemek kaşığı şeker
- 1 yemek kaşığı susam yağı

TALİMATLAR:

a) Lahana kimchisini 2 cm (¾ inç) genişliğinde şeritler halinde kesin.
b) Pırasayı doğrayın.
c) Tavayı bitkisel yağla yağlayın ve pırasayı yüksek ateşte kokusu çıkana kadar kızartın. Tavaya kimchi ve şekeri ekleyin. Kimchi yarı yumuşayana kadar orta ateşte 5 ila 10 dakika karıştırarak kızartın. Kimchi çok kuru görünüyorsa pişirirken 3 yemek kaşığı su ekleyin.
ç) Isıyı kapatın ancak tavayı ocak veya ocak gözü üzerinde bırakın. Susam yağını gezdirin, ardından karıştırın.

15. Kimçi Erişte

İÇİNDEKİLER:
- 1 ½ bardak kimchee
- 1 (3 ons) paket oryantal lezzette hazır ramen eriştesi
- 1 (12 ons) paket Spam, küp şeklinde
- 2 yemek kaşığı bitkisel yağ

TALİMATLAR:

a) Erişteleri paketin üzerindeki talimatlara göre pişirin. Tavayı orta ateşte yerleştirin. İçindeki yağı ısıtın. Spam parçalarını 3 dakika soteleyin.

b) Erişteleri süzdükten sonra karıştırın ve 3 dakika daha pişirin.

c) Kimchee'yi karıştırın ve 2 dakika pişirin. eriştelerinizi servis edin ılık.

16. Kimchi Spam'lı Kızarmış Pilav

İÇİNDEKİLER:
- 3 yemek kaşığı kanola yağı, bölünmüş
- ¾ bardak doğranmış Spam
- 1 bardak doğranmış kimchi
- 2 yemek kaşığı kimchi suyu
- 1 yemek kaşığı soya sosu
- 1 yemek kaşığı gochugaru (Kore kırmızı biber gevreği)
- 2 yemek kaşığı tuzsuz tereyağı
- 3 ½ su bardağı pişmiş beyaz pirinç
- 1 yemek kaşığı susam yağı
- 3 yumurta

İSTEĞE BAĞLI:
- Kıyılmış yeşil soğan
- İnce kıyılmış nori (kavrulmuş deniz yosunu)
- Kavrulmuş susam tohumları

TALİMATLAR:

a) Yapışmaz bir tavada veya dökme demir tavada 2 yemek kaşığı kanola yağını orta-yüksek ateşte ısıtın.
b) Doğranmış Spam'i tavaya ekleyin ve hafifçe kızarana kadar soteleyin; bu yaklaşık 5 dakika sürecektir.
c) Doğranmış kimchiyi, kimchi suyunu, soya sosunu ve gochugaru'yu tavaya ekleyin. Bu karışımı 5 ila 10 dakika kadar soteleyin.
ç) Tuzsuz tereyağını tavaya alıp eriyene kadar karıştırın.
d) Tavaya 3 ½ bardak pişmiş pirinci ekleyin ve pirincin tamamı kimchi ve sosla kaplanana kadar iyice karıştırın.
e) Baharat için kızarmış pirinci tadın ve gerektiği gibi ayarlayın. Çok tuzluysa lezzeti dengelemek için ekstra pirinç ekleyebilirsiniz.
f) Kızaran pilavın üzerine susam yağını ekleyip iyice karıştırın.
g) Isıyı kapatın ve pirinci bir kenara koyun.
ğ) Ayrı bir yapışmaz tavada 1 yemek kaşığı kanola yağını orta-yüksek ateşte ısıtın.
h) Yumurtaları istediğiniz pişme derecesine kadar, tercihen güneşli tarafı yukarı bakacak şekilde kızartın.
ı) Kızarmış kimchi pirincini kızarmış yumurtayla süsleyerek servis yapın ve istenirse doğranmış yeşil soğan, kıyılmış nori ve susamla süsleyin.
i) Spam'lı lezzetli Kimchi Kızarmış Pilavınızın tadını çıkarın !

17. Yavaş Tencere Congee Kahvaltı Kaseleri

İÇİNDEKİLER:

- ¾ su bardağı (125 gr) yasemin pirinci
- 4 su bardağı (940 ml) su
- 3 su bardağı (705 ml) sebze veya tavuk suyu
- 1 inç (2,5 cm) parça taze zencefil, soyulmuş ve ince dilimlenmiş
- Kaşer tuzu ve taze çekilmiş karabiber
- 3 yemek kaşığı (45 ml) avokado veya sızma zeytinyağı, bölünmüş
- 6 ons (168 g) mantar, tercihen cremini veya shiitake, dilimlenmiş
- 6 su bardağı (180 gr) körpe ıspanak
- 4 büyük yumurta
- Bir çeşit yöresel Kore yemeği
- İnce dilimlenmiş yeşil soğan

TALİMATLAR:

a) Pirinci, suyu, et suyunu, zencefili ve 1 çay kaşığı (6 g) tuzu 3,2 litrelik (3,2 L) veya daha büyük bir yavaş tencereye ekleyin ve birlikte karıştırın. Kapağı kapatın, düşük seviyeye ayarlayın ve pirinç parçalanıp kremsi hale gelene kadar yaklaşık 8 saat pişirin.

b) Zencefil çıkarın ve atın. Yavaş pişiricinin yanlarını ve altını kazıyarak karıştırın. Congee'yi kaseler arasında bölün.

c) 1 yemek kaşığı (15 ml) yağı büyük bir tavada orta-yüksek ateşte ısıtın. Mantarları ekleyin, tuz ve karabiber ekleyin ve yumuşayana kadar yaklaşık 5 dakika soteleyin. Congee'nin üzerine kaşıkla döküm.

ç) Aynı tavada 1 yemek kaşığı (15 ml) yağı orta ateşte ısıtın. Ispanağı ekleyin ve ara sıra karıştırarak, tamamen solana kadar yaklaşık 2 dakika pişirin. Ispanakları kaselerin arasına paylaştırın.

d) Kalan 1 yemek kaşığı (15 ml) yağı aynı tavada ısıtın ve yumurtaları kızartın.

e) Yumurtaları congee kaselerine ekleyin ve üzerine kimchi ve taze soğan.

18. Kimchili Sığır Eti ve Brokoli Kaseleri

İÇİNDEKİLER:
- 2½ yemek kaşığı (37 ml) avokado veya sızma zeytinyağı, bölünmüş
- 1 pound (455 gr) kıyma
- Kaşer tuzu ve taze çekilmiş karabiber
- 1½ yemek kaşığı (23 ml) Hindistan cevizi aminosu, bölünmüş
- ¼ bardak (12 gr) kıyılmış Tay fesleğeni
- 16 ons (455 g) pirinçli brokoli
- 1 büyük (veya 2 orta boy) Çin lahanası
- 2 diş sarımsak, kıyılmış
- 1 su bardağı (40 gr) rendelenmiş radikşio
- 4 soğan, ince dilimlenmiş
- Bir çeşit yöresel Kore yemeği
- Fasulye filizi
- 1 tarif Miso-Zencefil Sosu (sayfa 23)
- Susam taneleri

TALİMATLAR:
a) ½ yemek kaşığı (7 ml) yağı büyük bir tavada orta-yüksek ateşte ısıtın. Sığır eti ekleyin, tuz ve karabiber ekleyin ve eti tahta kaşıkla parçalayarak, kızarana ve tamamen pişene kadar 6 ila 8 dakika pişirin. 1 çorba kaşığı (15 ml) hindistancevizi aminosunu ilave edin ve bir dakika daha pişirin. Ateşten alıp fesleğeni ekleyip karıştırın.

b) Bu arada ayrı bir tavada 1 yemek kaşığı (15 ml) yağı orta ateşte ısıtın. Pirinçli brokoliyi, tuzu ve karabiberi ekleyin ve ara sıra karıştırarak brokoli hafifçe yumuşayana kadar 3 ila 5 dakika pişirin. Kaselere paylaştırın.

c) Kalan 1 yemek kaşığı (15 ml) yağı aynı tavada ısıtın, Çin lahanasını ekleyin ve karıştırın. Sarımsakları ve bir tutam tuzu ekleyin ve ara sıra karıştırarak solana kadar soteleyin. Kalan ½ yemek kaşığı (7 ml) hindistancevizi aminolarını karıştırın ve 1 dakika daha pişirin.

ç) Servis yapmak için Çin lahanasını ve radikşiyi brokoli ile birlikte kaselere ekleyin. Üzerine sığır eti, yeşil soğan, kimchi ve fasulye filizini ekleyin, üzerine Miso-Zencefil Sosu gezdirin ve susam serpin.

19. Domuz Eti ve Kimchi Tavada Kızartma/Kimchi-Jeyuk

İÇİNDEKİLER:

- 600 gr (1 lb 5 oz) kemiksiz domuz omuzu
- 3 yemek kaşığı şeker
- 350 gr (12 oz) Çin lahanası kimchi
- 10 cm (4 inç) pırasa (beyaz kısmı)
- 50 ml (yetersiz ¼ bardak) beyaz alkol (soju veya cin)
- 40 gr (1½ oz) baharatlı turşu
- 1 yemek kaşığı fermente hamsi sosu

SOYA PEYNİRİ

- 200 gr (7 oz) sert tofu
- 3 yemek kaşığı nötr bitkisel yağ
- Tuz

TALİMATLAR:

a) Çok keskin bir bıçak kullanarak domuz etini ince dilimler halinde kesin. Dilimlemeden önce 4 saat dondurulabilir. Domuz dilimlerini şekerde 20 dakika marine edin. Lahanayı 2 cm (¾ inç) genişliğinde şeritler halinde kesin. Pırasayı çapraz olarak 1 cm (½ inç) kalınlığında dilimler halinde kesin. Kimchiyi, beyaz alkolü ve baharatlı turşuyu domuz etiyle karıştırın.

b) Kızartma tavasını yüksek ateşte ısıtın ve domuz eti ile kimchi karışımını 30 dakika boyunca karıştırarak kızartın. Karışım çok kuru görünüyorsa pişirme sırasında biraz su ekleyin. Pırasayı ekleyip 10 dakika daha karıştırarak kavurun. Fermente hamsi sosuyla tatlandırın.

c) Bu arada tofuyu 1,5 cm'lik (⅝ inç) dikdörtgenler halinde kesin. Bitkisel yağla kaplı bir kızartma tavasını ısıtın. Her tarafı güzelce altın rengi olana kadar orta ateşte kızartın. Tofu parçalarını kırmamak için bir spatula ve kaşık kullanarak çevirin. Pişirirken her tarafını tuzlayın. Pişirdikten sonra tofuyu kağıt havlu üzerinde soğumaya bırakın.

ç) Dikdörtgen tofu üzerine bir parça kimchi ve domuz eti koyun ve birlikte yiyin.

20. Eriştesi ve Kimchi ile Dana Kaseleri

İÇİNDEKİLER:

- ¾ su bardağı (125 gr) esmer pirinç
- 2½ bardak (590 ml) su (bölünmüş)
- Kaşer tuzu ve taze çekilmiş karabiber
- 1 su bardağı (110 gr) rendelenmiş havuç
- 1 su bardağı (235 ml) pirinç sirkesi
- 2 yemek kaşığı (30 ml) tamari
- 2 çay kaşığı (12 gr) bal
- 1 çay kaşığı (5 ml) kavrulmuş susam yağı
- ¼ çay kaşığı kırmızı biber gevreği
- 1 pound (455 gr) kıyma
- 2 soğan, ince dilimlenmiş
- 1 yemek kaşığı (15 ml) avokado veya sızma zeytinyağı
- 6 adet dolu su bardağı (180 gr) körpe ıspanak
- 2 diş sarımsak, kıyılmış
- 8 ons (225 g) kabak eriştesi
- Bir çeşit yöresel Kore yemeği
- 1 tarif Miso-Zencefil Sosu (sayfa 23)
- Susam taneleri

TALİMATLAR:

a) Orta boy bir tencereye pirinci, 1½ bardak (355 ml) suyu ve bir tutam tuzu ekleyip kaynatın. Isıyı en aza indirin, kapağını kapatın ve pirinç yumuşayana kadar yaklaşık 40 dakika pişirin. Ateşten alın ve pirinci kapağı kapalı olarak 10 dakika boyunca buharda pişirin.

b) Rendelenmiş havuçları orta boy bir kaseye ekleyin. Sirkeyi, kalan 1 bardak (235 ml) suyu ve 1 çay kaşığı (6 g) tuzu orta boy bir tencerede kaynatın, tuzu çözmek için karıştırın. Sıcak sıvıyı havuçların üzerine dökün; bir kenara koyun.

c) Tamari, bal, susam yağı ve kırmızı pul biberi küçük bir kasede çırpın; bir kenara koyun.

ç) Büyük bir tavayı orta-yüksek ateşte ısıtın. Sığır eti ekleyin, tuz ve karabiber ekleyin ve eti tahta kaşıkla parçalayarak, kızarana ve tamamen pişene kadar 6 ila 8 dakika pişirin. Tamari karışımını ve yeşil soğanları karıştırın ve 1 dakika daha pişirin.

d) Bu arada yağı ayrı bir tavada orta ateşte ısıtın. Ispanak ve sarımsağı ekleyip bir tutam tuz ve karabiberle tatlandırın. Ara sıra karıştırarak, sadece solana kadar 2 ila 3 dakika pişirin.

e) Sıvıyı havuçtan boşaltın. Servis yapmak için pirinç ve kabak erişkisini kaselere paylaştırın. Üzerine dana eti, sarımsaklı ıspanak, havuç turşusu ve kimchi ekleyin. Üzerine Miso-Zencefil Sosu gezdirin ve susam serpin.

21.Kimçi Kızartması

İÇİNDEKİLER:

- 4 büyük patates, patates kızartmasına kesilmiş
- 2 yemek kaşığı bitkisel yağ
- 1 bardak kimchi, süzülmüş ve doğranmış
- ¼ bardak mayonez
- 1 yemek kaşığı susam yağı
- 1 yemek kaşığı susam
- 2 yeşil soğan, ince dilimlenmiş
- Tatmak için biber ve tuz

TALİMATLAR:

a) Fırını önceden 220°C'ye (425°F) ısıtın ve fırın tepsisini parşömen kağıdıyla kaplayın.
b) Büyük bir kapta patates kızartmasını bitkisel yağ, tuz ve karabiberle karıştırın.
c) Kızartmaları fırın tepsisine tek kat halinde yayın ve 25-30 dakika, yani çıtır çıtır olana kadar pişirin.
ç) Küçük bir kapta mayonez ve susam yağını karıştırın.
e) Patatesleri fırından alıp servis tabağına aktarın.
f) Patates kızartmasının üzerine doğranmış kimchi serpin, üzerine susamlı mayonez karışımını gezdirin ve üzerine susam ve dilimlenmiş yeşil soğan serpin.
g) Sıcak servis yapın ve kimchi kızartmasının eşsiz lezzetlerinin tadını çıkarın.

22.Kore Sığır Eti ve Soğan Tacos

İÇİNDEKİLER:

- 2 yemek kaşığı gochujang
- 1 yemek kaşığı soya sosu
- 2 yemek kaşığı susam
- 2 çay kaşığı kıyılmış taze zencefil
- 2 diş sarımsak, kıyılmış
- 2 yemek kaşığı kızarmış susam yağı
- 2 çay kaşığı şeker
- ½ çay kaşığı koşer tuzu
- 1½ pound (680 g) ince dilimlenmiş sığır eti aynası
- 1 orta boy kırmızı soğan, dilimlenmiş
- 6 mısır ekmeği, ısıtılmış
- ¼ bardak doğranmış taze kişniş
- ½ bardak kimchi
- ½ su bardağı doğranmış yeşil soğan

TALİMATLAR:

a) Gochujang, soya sosu, susam tohumları, zencefil, sarımsak, susam yağı, şeker ve tuzu geniş bir kapta birleştirin. İyice karıştırmak için karıştırın.

b) Sığır parçasını marineye batırın ve suya batırmak için bastırın, ardından kaseyi kapatın ve marine etmek için en az 1 saat buzdolabında saklayın.

c) Sığır parçasını marinattan çıkarın ve bir tavaya aktarın. Üzerine soğanları ekleyin.

ç) 12 dakika boyunca 400°F (205°C) sıcaklıkta ızgara yapın.

d) Karışımı pişirme süresinin yarısında karıştırın.

e) Tortillaları temiz bir çalışma yüzeyinde açın, ardından kızartılmış sığır eti ve soğanı ekmeğin üzerine bölün.

f) Üzerine kişniş, kimchi ve yeşil soğanı yayın.

g) Derhal servis yapın.

23. Kore Kimchi Jjigae (Güveç)

İÇİNDEKİLER:
- ½ kiloluk domuz yağı, ince dilimlenmiş
- 1 küçük soğan, ince dilimlenmiş
- 3 diş sarımsak, kıyılmış
- 2 bardak kimchi, suyuyla birlikte doğranmış
- 1 blok (yaklaşık 14 ons) yumuşak tofu, küp şeklinde
- 2 yemek kaşığı gochugaru (Kore biber tozu)
- 4 su bardağı su veya tuzsuz tavuk suyu
- 2 adet doğranmış yeşil soğan (süslemek için)
- Haşlanmış pirinç (servis için)

TALİMATLAR:
a) Instant Pot'unuzu "Sote" fonksiyonuna ayarlayarak başlayın.
b) İnce dilimlenmiş domuz karnını ekleyin ve kahverengileşip yağı serbest kalana kadar yaklaşık 2-3 dakika soteleyin.
c) İnce dilimlenmiş soğanı ve kıyılmış sarımsağı Instant Pot'a ekleyin. Soğan yarı saydam hale gelinceye kadar 2-3 dakika daha soteleyin.
ç) Kıyılmış kimchiyi ve suyunu karıştırın. Lezzetlerin birleşmesi için 2 dakika daha soteleyin.
d) Tofunun kırılmasını önlemek için yumuşak davranarak küp şeklinde yumuşak tofu'yu Instant Pot'a ekleyin.
e) Gochugaru'yu (Kore biber tozu) malzemelerin üzerine serpin ve karıştırın.
f) Malzemelerin üzerini kaplayacak şekilde su veya tuzsuz tavuk suyunu dökün.
g) Vananın "Sızdırmazlık" olarak ayarlandığından emin olarak Hazır Kap kapağını kapatın.
ğ) Yüksek basınçta "Manuel" veya "Basınçlı Pişirme" fonksiyonunu seçin ve 5 dakikaya ayarlayın.
h) Pişirme döngüsü tamamlandıktan sonra, vanayı dikkatlice "Havalandırma" konumuna çevirerek basıncın hızla tahliye edilmesini sağlayın.
ı) tüm malzemelerin iyice karıştığından emin olmak için Kimchi Jjigae'yi iyice karıştırın.
i) Hazır Kore Kimchi Jjigae'nizi doğranmış yeşil soğanla süslenmiş sıcak olarak servis edin.

24.Kimchi ve Tofu Çorbası

İÇİNDEKİLER:
- Bitkisel yağ, bir yemek kaşığı
- Yeşil soğan, altı
- Kimchi, yarım bardak
- Tavuk suyu, bir bardak
- Soya sosu, üç yemek kaşığı
- Damak tadınıza göre tuz ve karabiber
- Sarımsak ve zencefil ezmesi, bir yemek kaşığı
- Tofu, bir blok
- Daikon, bir

TALİMATLAR:
a) Büyük bir tencerede yağı yüksekte ısıtın.
b) Yeşil soğanın, sarımsağın ve zencefilin beyaz ve soluk yeşil kısımlarını sık sık karıştırarak yumuşayana ve hoş kokulu olana kadar yaklaşık üç dakika pişirin.
c) Et suyunu ekleyin, ardından soya sosunu çırpın.
ç) Daikon'u ekleyin ve daikon yumuşayana kadar on beş dakika kadar yavaşça pişirin.
d) Kimchi ve tofuyu ekleyin.
e) Tofu iyice ısınana kadar pişirin.
f) Kaselere dikkatlice paylaştırın.
g) Çorbanız servise hazır.

25. Kimchi ve Mavi Peynirli Kruvasan

İÇİNDEKİLER:

- ½ porsiyon Anne Hamuru, mayalanmış
- 105 gr un, toz almak için [¼ bardak]
- 1 porsiyon Kimchi Tereyağı
- 200 gr mavi peynir, ufalanmış [7 ons (1 bardak)]
- 1 yumurta
- 4 gr su [½ çay kaşığı]

TALİMATLAR:

a) Hamuru pürüzsüz, kuru bir tezgah üzerinde yumruklayın ve düzleştirin. Tezgahı, hamuru ve oklavayı unla tozlayın ve hamuru yaklaşık 8 × 12 inç ve hatta kalınlıkta bir dikdörtgen şeklinde açın.

b) Tereyağı pedini buzdolabından alın ve hamur dikdörtgeninin yarısına yerleştirin. Hamur dikdörtgeninin diğer yarısını tereyağı yastığının üzerine katlayın ve kenarlarını sıkıştırın.

c) Plastik ambalajla örtün ve oda sıcaklığında 10 dakika dinlendirin.

ç) Kruvasanları yapmak için, kruvasanların fırında kabarmasını ve şişmesini sağlamak için yeterli miktarda un ve tereyağı dönüşümlü katmanlar oluşturmak üzere hamurun içine 3 "çift kitap" dönüşü koymanız gerekecektir.

d) İlk çift kitap dönüşünüzü yapmak için tezgah yüzeyinize, oklavanıza ve hamurunuza un serpin, hamurun altını da tozlamayı unutmayın. Hamuru tekrar 8 × 12 inçlik bir dikdörtgene ve eşit kalınlıkta açın.

e) Oklavaya nazik davranın, tereyağı demetinin herhangi bir yerine girmemeye dikkat edin veya tereyağı hamurdan çıkacak kadar sert yuvarlayın. Hamurunuzun üzerinde veya altında aşırı miktarda un kalmadığından emin olun; fazla unların tozunu elinizle alın.

f) Hamurunuzu görsel olarak uzunlamasına dörde bölün. İki dış çeyreği hamur dikdörtgeninin merkez eksenine veya omurgasına doğru katlayın, böylece ortada buluşsunlar. Daha sonra kitabı kapatın, bir kenarını diğeriyle buluşturarak sırtını şimdi bir tarafa getirin. Gevşek bir şekilde plastiğe sarın ve 30 dakika buzdolabına aktarın.

g) Toplam 3 tur yapmak için 2. ve 3. adımları iki kez daha tekrarlayın; her dönüşe başladığınızda, hamurunuzun açık kenarlarının veya ek yerinin sizden uzağa baktığından emin olun. Bazen hamuru sarmak için kullandığımız plastiğin üzerine sıraları koyarken saymayı kaybetmemek için 1, 2 veya 3 yazıyoruz. Çok fazla tur koyarsanız hamurunuza zarar gelmez; Eğer birini atlarsanız, yumuşak gövdeli kruvasanlarınız konusunda büyük bir hayal kırıklığına uğrayacaksınız.

ğ) Son ve son açmanız için tezgah yüzeyinize, oklavanıza ve hamurunuza un serpin, hamurun altını da tozlamayı unutmayın. Hamuru 8 × 12 inç ve hatta kalınlıkta bir dikdörtgene doğru açın.

h) Bir soyma bıçağı veya pizza kesiciyle hamuru, her biri en sivri uçtan karşı tarafın ortasına kadar 8 inç uzunluğunda ve alt kısmı 4 inç genişliğinde 5 üçgen halinde kesin.

ı) Mavi peyniri kruvasanların arasına paylaştırın ve her üçgenin geniş alt ucunun ortasına koyun. Mavi peynirin ucundan başlayarak, bir elinizle hamuru üçgenin ucuna doğru yuvarlamaya başlayın, diğer elinizle ucu tutup yavaşça uzatın.

i) Üçgen tamamen hilal şekline gelinceye kadar devam edin. Üçgenin ucunun hilalin gövdesinin altına sıkıştırıldığından emin olun, aksi takdirde fırında çözülür. Artıkları kimchi kruvasan düğümlerine yuvarlayın veya battaniyelerde yavru domuzlar yapın!

j) Kruvasanları parşömen kaplı bir tavaya aktarın ve aralarında 6 inç mesafe olacak şekilde düzenleyin. Plastikle hafifçe örtün ve oda sıcaklığında yaklaşık 45 dakika iki katına kadar bekletin.

k) Fırını 375°F'ye ısıtın.

l) Yumurtayı ve suyu küçük bir kasede birlikte çırpın. Kruvasanlarınızın üstünü bir fırça kullanarak cömertçe yumurta akı ile kaplayın.

m) Kruvasanları 20 ila 25 dakika kadar veya boyutları iki katına çıkana, kenarları karamelleşene ve dokunduğunuzda içi boş gibi görünen çıtır bir dış katmana sahip olana kadar pişirin. Fırından çıktıklarında muhteşemler ve oda sıcaklığında çok lezzetliler.

26.Kimchi Erişte Salatası

İÇİNDEKİLER:

- 1 pound kahverengi pirinç eriştesi, pişirilir, süzülür ve soğuyuncaya kadar durulanır
- 2½ bardak doğranmış lahana kimchi
- 3 ila 4 yemek kaşığı gochujang
- 1 su bardağı maş fasulyesi filizi
- 4 yeşil soğan (beyaz ve yeşil kısımları), ince dilimlenmiş
- 1 orta boy salatalık, ikiye bölünmüş, çekirdekleri çıkarılmış ve ince dilimlenmiş
- 2 yemek kaşığı susam, kızartılmış

TALİMATLAR:

a) Pirinç noodle'larını, kimchi'yi, gochujang'ı ve maş fasulyesi filizlerini geniş bir kaseye koyun ve iyice karıştırın.
b) Servis etmek için karışımı dört ayrı tabağa paylaştırın ve her birini yeşil soğan, salatalık dilimleri ve susamla süsleyin.

27. Mayo Poke ile Somon ve Kimchi

İÇİNDEKİLER:

- 2 çay kaşığı. soya sosu
- 1 çay kaşığı. rendelenmiş taze zencefil
- 1/2 çay kaşığı. ince kıyılmış sarımsak
- 1 lb. somon, 3/4 inçlik parçalar halinde kesilmiş
- 1 çay kaşığı. kavrulmuş susam yağı
- 1/2 c. doğranmış kimçi
- 1/2 c. ince dilimlenmiş yeşil soğan (yalnızca yeşil kısımlar)
- Tatmak için tuz

TALİMATLAR:

a) Küçük bir kapta soya sosunu, zencefili ve sarımsağı birleştirin. Karıştırın ve zencefil ve sarımsağın yumuşaması için yaklaşık 5 dakika bekletin.

b) Orta boy bir kapta somonu susam yağıyla eşit bir şekilde kaplanana kadar karıştırın; bu, kimchideki asitin balığı "pişirmesini" önleyecektir. Kimchi, yeşil soğan ve soya sosu karışımını ekleyin.

c) İyice karışıncaya kadar yavaşça katlayın. Tadına bakın ve gerektiği kadar tuz ekleyin; Kimçiniz zaten iyi baharatlanmışsa tuza ihtiyacınız olmayabilir.

ç) Hemen servis yapın veya sıkıca kapatın ve bir güne kadar buzdolabında saklayın. Eğer dürtmenin marine olmasına izin verirseniz, servis yapmadan hemen önce tekrar tadın; bir tutam tuzla tatlandırmanız gerekebilir.

28.Kimchi Somon Poke

İÇİNDEKİLER:
- 2 çay kaşığı. soya sosu
- 1 çay kaşığı. rendelenmiş taze zencefil
- 1/2 çay kaşığı. ince kıyılmış sarımsak
- 1 lb. somon, 3/4 inçlik parçalar halinde kesilmiş
- 1 çay kaşığı. kavrulmuş susam yağı
- 1/2 c. doğranmış kimçi
- 1/2 c. ince dilimlenmiş yeşil soğan (yalnızca yeşil kısımlar)
- Tatmak için tuz

TALİMATLAR:
a) Küçük bir kapta soya sosunu, rendelenmiş taze zencefili ve kıyılmış sarımsağı birleştirin. Karıştırın ve zencefil ve sarımsağın yumuşaması için yaklaşık 5 dakika bekletin.

b) Orta boy bir kapta somonu kızartılmış susam yağıyla eşit şekilde kaplanana kadar karıştırın. Bu, kimchideki asitliğin balığı "pişirmesini" önler.

c) Somonlu kaseye doğranmış kimchiyi, ince dilimlenmiş yeşil soğanı ve soya sosu karışımını ekleyin. İyice karışıncaya kadar yavaşça katlayın.

ç) Dürtüyü tadın ve gerektiği kadar tuz ekleyin. Kimchi zaten iyi baharatlanmışsa ilave tuza ihtiyacınız olmayabilir.

d) Hemen servis yapın veya sıkıca kapatın ve bir güne kadar buzdolabında saklayın. Marine edilmişse, servis yapmadan hemen önce tekrar tadın ve gerekirse tuzunu ayarlayın.

29.Kore Barbekü Domuz Poke Kasesi

İÇİNDEKİLER:
- 1 lb domuz eti, ince dilimlenmiş
- 1/4 bardak soya sosu
- 2 yemek kaşığı gochujang (Kore kırmızı biber salçası)
- 1 yemek kaşığı susam yağı
- 1 yemek kaşığı esmer şeker
- 1 bardak kimçi
- 1 salatalık, dilimlenmiş
- 2 su bardağı pişmiş kısa taneli pirinç
- Garnitür için susam tohumları

TALİMATLAR:
a) Marine sosunu oluşturmak için soya sosu, gochujang, susam yağı ve esmer şekeri birlikte çırpın.
b) İnce dilimlenmiş domuz etini karışımda en az 30 dakika marine edin.
c) Marine edilmiş domuz etini sıcak bir tavada kızarana ve pişene kadar pişirin.
ç) Taban olarak kısa taneli pirinç içeren kaseleri birleştirin.
d) Üzerine Kore Barbeküsü domuz eti, kimchi, dilimlenmiş salatalık ekleyin ve üzerine susam serpin.

30.Probiyotik Çin Böreği

İÇİNDEKİLER:
BAHAR RULOLARI İÇİN:
- 8-10 pirinç kağıdı sarmalayıcı
- 2 su bardağı karışık taze sebze (örn. marul, salatalık, havuç, dolmalık biber), jülyen doğranmış
- 1 su bardağı taze otlar (örneğin nane, kişniş, fesleğen)
- 1 bardak kimchi veya lahana turşusu, süzülmüş ve doğranmış
- 1 bardak pişmiş protein (örneğin pişmiş karides, tofu veya kıyılmış tavuk) (isteğe bağlı)
- Pirinç şehriye eriştesi, pişirilmiş ve soğutulmuş (isteğe bağlı)

DALDIRMA SOSU İÇİN:
- ¼ bardak soya sosu veya tamari (glütensiz seçenek için)
- 2 yemek kaşığı pirinç sirkesi
- 1 yemek kaşığı bal veya akçaağaç şurubu
- 1 diş sarımsak, kıyılmış
- ½ çay kaşığı rendelenmiş taze zencefil
- Bir tutam kırmızı biber gevreği (isteğe bağlı, ısı için)
- Garnitür için susam veya kıyılmış fıstık (isteğe bağlı)

TALİMATLAR:

a) Karışık taze sebzeleri jülyenleyin, otları doğrayın ve kimchi veya lahana turşusunu süzüp doğrayın. Protein kullanıyorsanız (karides, soya peyniri veya tavuk) pişirip hazırlayın. İstenirse pirinç şehriye eriştelerini pişirin ve soğumaya bırakın.

b) Geniş, sığ bir tabağı ılık suyla doldurun. Bir pirinç kağıdı ambalajını yaklaşık 10-15 saniye veya esnek hale gelinceye kadar ılık suya batırın.

c) Yumuşatılmış pirinç kağıdı ambalajını temiz, düz bir yüzeye yerleştirin.

ç) Ambalajın ortasına küçük bir avuç dolusu karışık taze sebze ve ot ekleyerek başlayın.

d) Protein veya erişte kullanıyorsanız bunları sebzelerin üzerine ekleyin.

e) Diğer malzemelerin üzerine bir veya iki çorba kaşığı kıyılmış kimchi veya lahana turşusu dökün.

f) Pirinç kağıdı ambalajının kenarlarını dolgunun üzerine katlayın.

g) Alttan yuvarlamaya başlayın, ilerledikçe dolguyu sıkıca sıkıştırın.

ğ) Yaylı rulo kapatılıncaya ve dikiş altta olana kadar yuvarlayın.

h) Kalan malzemelerle Çin böreği yapmaya devam edin.

ı) Küçük bir kapta soya sosu veya tamari, pirinç sirkesi, bal veya akçaağaç şurubu, kıyılmış sarımsak, rendelenmiş zencefil ve biraz ısınmak istiyorsanız kırmızı biber gevreğini birlikte çırpın.

i) Probiyotik börekleri, yanında dip sosla birlikte servis edin.

j) Dilerseniz susam veya kıyılmış fıstıkla süsleyebilirsiniz.

31.Kimçi Ramen

İÇİNDEKİLER:
- 8 bardak su
- 4 paket ramen noodle (baharat paketlerini atın)
- 2 bardak kimchi, doğranmış
- 4 su bardağı sebze veya mantar suyu
- 1 bardak dilimlenmiş shiitake mantarı
- 1 su bardağı bebek ıspanak
- 2 yeşil soğan, dilimlenmiş
- 2 yemek kaşığı soya sosu (veya glutensiz seçenek için tamari)
- 2 yemek kaşığı susam yağı
- 2 çay kaşığı pirinç sirkesi
- 1 çay kaşığı rendelenmiş zencefil
- 1 çay kaşığı kıyılmış sarımsak
- ½ çay kaşığı kırmızı biber gevreği (baharat tercihinize göre ayarlayın)
- Garnitür için yumuşak haşlanmış veya kızarmış yumurta (isteğe bağlı)

TALİMATLAR:
a) Büyük bir tencerede 8 su bardağı suyu kaynatın. Ramen eriştelerini ekleyin ve paket talimatlarına göre al dente olana kadar pişirin. Drenaj yapın ve bir kenara koyun.
b) Aynı tencerede doğranmış kimchi, sebze veya mantar suyu, dilimlenmiş shiitake mantarları, körpe ıspanak ve yeşil soğanları birleştirin. Karışımı kaynama noktasına getirin.
c) Kimchi ramen baharatını oluşturmak için küçük bir kapta soya sosu, susam yağı, pirinç sirkesi, rendelenmiş zencefil, kıyılmış sarımsak ve kırmızı pul biberi birlikte çırpın.
ç) Baharatları kaynayan et suyuna dökün ve karıştırarak birleştirin. Aromaların birbirine geçmesi için 5 dakika daha pişirin.
d) Pişmiş ramen eriştelerini dört servis kasesine bölün.
e) Kimchi ramen suyunu eriştelerin üzerine dökün.
f) İstenirse, ilave protein için her kasenin üzerine yumuşak haşlanmış veya kızarmış yumurta ekleyin.
g) Kimchi Ramen'inizi lezzetli ve probiyotik açısından zengin, konforlu bir yiyecek olarak servis edin.

32.Fermente Sebze Yahni

İÇİNDEKİLER:

- 2 su bardağı karışık fermente sebze (örneğin lahana turşusu, kimchi, turşu)
- 1 soğan, doğranmış
- 2 havuç, doğranmış
- 2 kereviz sapı, doğranmış
- 2 diş sarımsak, kıyılmış
- 6 su bardağı sebze suyu
- 1 kutu (14 oz) doğranmış domates
- 1 su bardağı pişmiş fasulye (örneğin barbunya fasulyesi, siyah fasulye)
- 1 çay kaşığı kurutulmuş kekik
- Tatmak için biber ve tuz
- Garnitür için taze otlar (örneğin maydanoz, dereotu)

TALİMATLAR:

a) Büyük bir çorba tenceresinde, orta ateşte biraz yağı ısıtın. Kıyılmış soğanı, doğranmış havuçları ve doğranmış kerevizi ekleyin. Sebzeler yumuşamaya başlayana kadar yaklaşık 5 dakika soteleyin.

b) Kıyılmış sarımsakları karıştırın ve kokusu çıkana kadar bir dakika daha soteleyin.

c) Karışık fermente sebzeleri, sebze suyunu, doğranmış domatesleri (sularıyla birlikte), pişmiş fasulyeyi ve kurutulmuş kekiği tencereye ekleyin. Karışımı kaynatın.

ç) Isıyı en aza indirin, kapağını kapatın ve tatların birbirine karışmasını sağlamak için yaklaşık 20-25 dakika pişirin.

d) Güveci tuz ve karabiberle tatlandırın.

e) Servis yapmadan önce taze otlarla süsleyin.

33.Kinoa ve Kimchi Salatası

İÇİNDEKİLER:

- 1 su bardağı kinoa, pişmiş ve soğutulmuş
- 1 bardak kimchi, doğranmış
- ½ bardak salatalık, doğranmış
- ½ bardak kırmızı dolmalık biber, doğranmış
- 2 yeşil soğan, dilimlenmiş
- 2 yemek kaşığı soya sosu (veya glutensiz seçenek için tamari)
- 1 yemek kaşığı susam yağı
- 1 yemek kaşığı pirinç sirkesi
- 1 çay kaşığı bal veya akçaağaç şurubu
- Garnitür için susam ve kıyılmış kişniş (isteğe bağlı)

TALİMATLAR:

a) Büyük bir karıştırma kabında, pişirilmiş ve soğutulmuş kinoayı, doğranmış kimchiyi, doğranmış salatalık, doğranmış kırmızı dolmalık biberi ve dilimlenmiş yeşil soğanı birleştirin.

b) Sosu hazırlamak için ayrı bir kapta soya sosunu, susam yağını, pirinç sirkesini ve balı (veya akçaağaç şurubunu) çırpın.

c) Sosu kinoa ve kimchi karışımının üzerine dökün. İyice birleşene kadar her şeyi bir araya getirin.

ç) Salatayı örtün ve tatların birbirine karışmasını sağlamak için en az 30 dakika buzdolabında saklayın.

d) Servis yapmadan önce susam ve kıyılmış kişniş ile süsleyin.

34.Probiyotik Guacamole

İÇİNDEKİLER:
- 3 olgun avokado, soyulmuş ve çekirdeği çıkarılmış
- ½ fincan sade Yunan yoğurdu (veya süt içermeyen alternatif)
- ½ su bardağı doğranmış domates
- ¼ bardak doğranmış kırmızı soğan
- ¼ bardak doğranmış taze kişniş
- 1 diş sarımsak, kıyılmış
- 1 misket limonunun suyu
- Tatmak için biber ve tuz
- İsteğe bağlı: Ekstra probiyotik faydası için ½ fincan kıyılmış kimchi

TALİMATLAR:
a) Bir karıştırma kabında olgun avokadoları çatalla veya patates eziciyle pürüzsüz veya istediğiniz kıvama gelinceye kadar ezin.
b) Püre haline getirilmiş avokadolara sade Yunan yoğurdu, doğranmış domates, doğranmış kırmızı soğan, doğranmış kişniş, kıyılmış sarımsak ve limon suyunu ekleyin.
c) İyice birleşene kadar her şeyi karıştırın.
ç) Ekstra bir probiyotik etkisi eklemek isterseniz doğranmış kimçiyi ekleyin.
d) Probiyotik Guacamole'nizi tuz ve karabiberle tatlandırın.
e) Tortilla cipsleri, sebze çubukları veya tacos ve burritoların üst kısmı olarak servis yapın.

35. Kimçi Sosu

İÇİNDEKİLER:
- 1 bardak Kore biber gevreği
- ½ bardak su
- 4 yemek kaşığı Sarımsak Salçası
- 2 çay kaşığı kıyılmış taze zencefil
- 1 yemek kaşığı ince deniz tuzu
- 2 yemek kaşığı agav şurubu

TALİMATLAR:
a) Tüm malzemeleri bir karıştırma kabına yerleştirin. Kauçuk bir spatula kullanarak pürüzsüz bir macun haline getirin. Macunu kapaklı bir cam kavanoza aktarın.

b) Hava almayan bir kavanozda ağzı kapalı olarak buzdolabında 2 ay saklanabilir.

36.Kuşbaşı Daikon Turp Kimchi

İÇİNDEKİLER:

- 2 pound daikon turp (2 büyük), 1 inç küpler halinde dilimlenmiş
- 2 yemek kaşığı kaba deniz tuzu
- ½ bardak Kimchi Sosu
- 1 inç uzunluğa dilimlenmiş 4 yeşil soğan
- 1 küçük elma, soyulmuş, çekirdeği çıkarılmış ve rendelenmiş

TALİMATLAR

a) Daikon küplerini ve isteğe bağlı yaprakları geniş bir kaseye yerleştirin. Deniz tuzu serpin ve oda sıcaklığında 2 saat solması için bekletin.

b) Daikondaki sıvıyı boşaltın ve küpleri ve yaprakları kuru bir kaseye koyun. Kimchi Sosunu ekleyin. Bir çift eldiven takın ve daikonu Kimchi Sosu ile kaplamak için ovalayın. Yeşil soğanı ve elmayı ekleyin ve iyice karıştırın.

c) Karışımı 1 litrelik cam kavanoza koyun ve kapağını sıkıca kapatın. Turşu için oda sıcaklığında bir gün bekletin. Açtıktan sonra buzdolabında saklayın.

ç) Buzdolabında 2 hafta kadar saklanacak.

37. Lezzetli Krepler

İÇİNDEKİLER:
- 1-1/2 bardak derili, sarı maş fasulyesi
- 1 bardak meyve suyu
- 1/4 su bardağı su
- 3/4 bardak doğranmış kimchi
- 1/2 su bardağı fasulye filizi
- 3 yeşil soğan şerit halinde kesilmiş ve 3 inçlik parçalar halinde kesilmiş
- 1 yemek kaşığı kıyılmış sarımsak
- 1 yemek kaşığı kıyılmış zencefil
- 1 yemek kaşığı balık sosu
- 1 yemek kaşığı susam yağı
- Yemek yagı

DALDIRMA SOS
- 1/2 bardak soya sosu
- 1/4 bardak pirinç sirkesi
- 1 yemek kaşığı susam yağı
- 1/2 çay kaşığı gochucharu
- 1/4 çay kaşığı susam
- 1 doğranmış yeşil soğan

TALİMATLAR:
a) Maş fasulyesini bir gece suda bekletin. Fasulyeyi, kimchiyi, meyve suyunu, suyu, sarımsağı, zencefili, balık sosunu ve susam yağını bir karıştırıcıya yerleştirin.

b) Malzemeleri bir hamur haline gelinceye kadar çırpın. Aşırı karıştırmayın : hamur kaba ve biraz kumlu olmalıdır. Eğer çok koyu olursa biraz daha su ekleyin. Hamuru büyük bir kaseye çevirin ve kimchi, fasulye filizi ve yeşil soğanla karıştırın. Hamuru gruplar halinde sıcak, yağlı bir tavaya bırakın.

c) Her iki tarafı da kızarana ve gevrekleşene kadar kızartın. Fazla yağı emmesi için krepleri kağıt havlu üzerine koyun. Dip sosla yiyin.

38.Pastırma ve Tavuklu Kimchi Paella

İÇİNDEKİLER:

- 1 bardak Arborio pirinci (veya paellaya uygun herhangi bir kısa taneli pirinç)
- 2 kemiksiz, derisiz tavuk göğsü, ısırık büyüklüğünde parçalar halinde kesilmiş
- 4-6 dilim pastırma, doğranmış
- 1 bardak kimchi, doğranmış
- 1 soğan, ince doğranmış
- 2 diş sarımsak, kıyılmış
- 1 kırmızı dolmalık biber, dilimlenmiş
- 1 su bardağı dondurulmuş bezelye
- 1 çay kaşığı kırmızı biber
- ½ çay kaşığı füme kırmızı biber (isteğe bağlı)
- ¼ çay kaşığı safran iplikleri (isteğe bağlı)
- 2 su bardağı tavuk suyu
- ½ bardak beyaz şarap
- Tatmak için tuz ve karabiber
- 2 yemek kaşığı zeytinyağı
- Garnitür için kıyılmış taze maydanoz

TALİMATLAR:

a) Safran ipliklerini 2 yemek kaşığı ılık suya batırıp bir kenara bırakarak başlayın. Bu, lezzetinin ve renginin ortaya çıkmasına yardımcı olacaktır.

b) Büyük, düz tabanlı bir tavada veya paella tavasında zeytinyağını orta-yüksek ateşte ısıtın. Kıyılmış pastırmayı ekleyin ve gevrek hale gelinceye kadar pişirin. Pastırmayı tavadan çıkarın ve bir kenara koyun, pastırma yağını tavada bırakın.

c) Tavuk parçalarını tuz, karabiber ve kırmızı biberle tatlandırın. Tavuğu da aynı tavaya ekleyin ve iyice kızarıp pişene kadar pişirin. Tavuğu tavadan çıkarın ve bir kenara koyun.

ç) Aynı tavaya doğranmış soğanı, sarımsağı ve dilimlenmiş kırmızı dolmalık biberi ekleyin. Soğanlar yarı saydam hale gelinceye ve biber yumuşayana kadar soteleyin.

d) Arborio pirincini tavaya ekleyin ve birkaç dakika karıştırarak pirincin hafifçe kızarmasını sağlayın.

e) Beyaz şarabı dökün ve büyük kısmı pirinç tarafından emilinceye kadar pişirin.

f) Kıyılmış kimchiyi ve pişmiş pastırmayı tavaya ekleyin ve her şeyi karıştırın.

g) Safran ipliklerini ıslatma sıvısı, füme kırmızı biber (kullanılıyorsa) ve 1 bardak tavuk suyuyla birlikte ekleyin. İyice karıştırın.

ğ) Paellayı orta ateşte pişirmeye devam edin, gerektiği kadar tavuk suyu ekleyin ve ara sıra karıştırın. Pirinç sıvıyı emmeli ve kremsi hale gelmeli, aynı zamanda hafif bir kıvamda olmalıdır (al dente). Bu yaklaşık 15-20 dakika sürmelidir.

h) Pişirmenin son birkaç dakikasında dondurulmuş bezelyeleri ve pişmiş tavuğu tekrar tavaya ekleyin. Bezelye iyice ısınana kadar karıştırın.

ı) Paellanın tadına bakın ve baharatı gerektiği gibi tuz ve karabiberle ayarlayın.

i) Pirinç tamamen piştikten ve sıvının büyük kısmı emildikten sonra paellayı ocaktan alın ve servis yapmadan önce birkaç dakika dinlendirin.

j) Kıyılmış taze maydanozla süsleyin ve Pastırma ve Kimchi Paella'nızı Tavuklu sıcak olarak servis edin.

39.Kore Sığır Eti ve Kimchi Izgara Peyniri

İÇİNDEKİLER:

- 8 ons pişmiş Kore usulü sığır eti (bulgogi), ince dilimlenmiş
- 4 dilim provolon peyniri
- ½ bardak kimchi, suyu süzülmüş ve doğranmış
- 4 dilim ekmek
- Yaymak için tereyağı

TALİMATLAR:

a) Her ekmek diliminin bir tarafını yağlayın.
b) Bir ekmek diliminin tereyağsız tarafına bir dilim provolon peyniri koyun.
c) Üzerine bir kat pişmiş Kore usulü sığır eti koyun.
ç) Sığır etinin üzerine bir kat doğranmış kimchi sürün.
d) Başka bir dilim provolon peyniri ve başka bir ekmek dilimi (tereyağlı tarafı yukarı bakacak şekilde) ile kaplayın.
e) Kalan ekmek dilimleri ve dolgu için aynı işlemi tekrarlayın.
f) Tavayı orta ateşte ısıtın ve sandviçleri üzerine yerleştirin.
g) Ekmek altın kahverengi olana ve peynir eriyene kadar pişirin, yarıya kadar çevirin.
ğ) Ateşten alın, ikiye bölün ve sıcak olarak servis yapın.

40.Kore Brisketi ve Kimchi Burger

İÇİNDEKİLER:

- 500 gr dana bonfile, kıyılmış
- 125g benek, kabuğu çıkarılmış, kıyılmış
- ⅓ bardak (80ml) hafif soya sosu
- Fırçalama için ayçiçek yağı
- 6 adet taze soğan, koyu yeşil kısmı ince dilimlenmiş, soluk kısmı ikiye bölünmüş
- 2 yeşil biber, uzunlamasına dörde bölünmüş
- 6 brioche burger ekmeği, bölünmüş, fırçayla yağlanmış, üzerine çörek otu serpilmiş
- Servis için Kewpie mayonezi ve gochujang (Kore biber salçası)

HIZLI KIMCHI İÇİN:

- ¼ bardak (55g) tuz
- ⅓ Çin lahanası (wombok), dilimlenmiş
- 4 diş sarımsak, ezilmiş
- ¼ su bardağı (55g) pudra şekeri
- 2 yemek kaşığı balık sosu
- 1 yemek kaşığı kurutulmuş pul biber

TALİMATLAR:

a) Kıyılmış göğüs eti, kıyılmış benek ve 2 yemek kaşığı soya sosunu birleştirin. Karışımı 6 beze haline getirin ve düzleştirin. Köfteleri kalan 2 yemek kaşığı soya sosuyla fırçalayın. Onları 30 dakika soğutun.

b) Bir kapta tuzu, dilimlenmiş Çin lahanasını ve 2 bardak (500 ml) sıcak suyu birleştirin. Üzerini kapatıp 15 dakika bekletin. Lahanayı yıkayıp süzün. Dilimlenmiş koyu taze soğanı ve kalan kimchi malzemelerini karıştırın.

c) Izgara tavasını yüksek ateşte ısıtın ve üzerine yağ sürün. Biberleri ve ikiye bölünmüş taze soğanları 2-3 dakika veya yumuşayana kadar pişirin. Bunları çıkarın ve bir kenara koyun.

ç) Izgara tavasını biraz daha yağla fırçalayın. Köftelerin her iki tarafını da 2'şer dakika pişirin. Isıyı orta dereceye düşürün ve her iki tarafını da 3 dakika daha veya tamamen kömürleşip pişene kadar pişirin.

BURGERLERİ BİRLEŞTİRİN:

d) Çörek tabanlarını mayonezle yayın. Üstlerine kırmızı biber, köfte, biber salçası, taze soğan, kimchi ve çörek kapakları ekleyin. Lezzetli Kore Brisket ve Kimchi Burgerlerinizi servis edin!

e) Bu burgerde lezzetlerin eşsiz birleşiminin tadını çıkarın!

41.Soya Kıvırcık Kimchee Çin Böreği

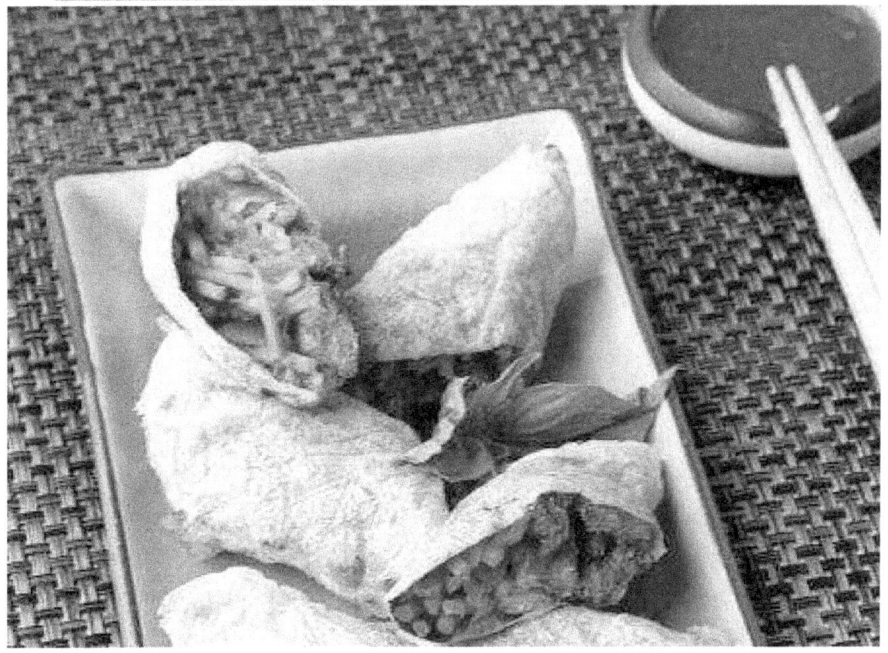

İÇİNDEKİLER:

- 1 su bardağı Soya Curl Kızartması veya vegan dondurulmuş tavuk şeritleri
- 1 küçük havuç
- 4 taze fesleğen yaprağı
- 1/2 bardak ev yapımı veya mağazadan satın alınan vegan kimchee
- 4 (6 ila 8 1/2 inç) pirinç kağıdı yaprağı
- 2 ila 3 sprey kanola yağı

TALİMATLAR:

a) Soya Kıvırcık Kızartmasını hazırlayın. Vegan tavuk şeritleri kullanıyorsanız bunları çözdürün ve uzunlamasına ikiye bölün.

b) Havuçları kibrit çöpleri halinde kesin ve kibrit çöplerini dörde bölün.

c) 1 yaprak pirinç kağıdını 5 saniye veya nemlenene kadar ılık suya batırın. Nemli pirinç kağıdını çalışma yüzeyine yerleştirin ve 30 saniye veya bükülene kadar bekletin. Pirinç kağıdının üzerine 1 fesleğen yaprağı yerleştirin. Havuç kibrit çöplerinin dörtte birini, 2 yemek kaşığı kimchee ve 1/4 bardak Soy Curl Patates Kızartmasını ekleyin.

ç) Pirinç kağıdını kenarını kesme tahtasından uzağa doğru çekerek yuvarlayın. Doldururken, dolguyu yuvarlayın ve ambalajın altına sıkıştırın, kağıdın sonuna gelene kadar yuvarlayın. 4 adet yaylı rulo elde edene kadar bu işlemi tekrarlayın.

d) Hava fritözü sepetine 1 ila 2 adet kanola yağı püskürtün. Yaylı ruloları fritöz sepetine yerleştirin ve kalan 1 ila 2 spritz yağını ruloların üstüne püskürtün. Pişirme süresinin yarısında sallayarak 6 dakika boyunca 400°F'ta pişirin.

42.Tek Kapta Kimchi Ramen

İÇİNDEKİLER:
- 8 ons domuz yağı (derisiz), dilimlenmiş

DOMUZ MARİNASI İÇİN:
- 3 diş sarımsak, kıyılmış
- 1 yemek kaşığı taze zencefil, kıyılmış
- 1 yemek kaşığı şeri
- 1 yemek kaşığı soya sosu

KIMCHI RAMEN İÇİN:
- 4 yumuşak haşlanmış yumurta, ikiye bölünmüş
- ½ orta boy soğan, ince dilimlenmiş
- 1 bardak shiitake mantarı, dilimlenmiş
- Yarım blok sert tofu, dilimlenmiş
- 4 ons enoki mantarı
- 4 bebek Çin lahanası, yarıya bölünmüş
- 1 bardak kimchi, sıkıca paketlenmiş
- ½ bardak kimchi suyu
- 4 su bardağı Tavuk Kemik Suyu (2 karton)
- 2 yemek kaşığı baharatlı kırmızı biber salçası
- 1 yemek kaşığı Kore kırmızı biber tozu
- 2 paket ramen
- Süslemek için kıyılmış yeşil soğan

TALİMATLAR:

a) Domuz eti turşusu için tüm malzemeleri orta boy bir kapta birleştirin.

b) Domuz göbeği dilimlerini 2 inç uzunluğunda parçalar halinde kesin. Domuz eti turşunun içine ekleyin. İyice karıştırın ve bir kenara koyun.

c) Küçük bir tencerede 2 su bardağı suyu kaynatın. Yumurtaları kaynayan suya dikkatlice koyun. 5 dakika pişmelerine izin verin. Yumurtaları tencereden alıp soğuk suya koyun.

ç) Bu arada soğanı, shiitake mantarını ve tofuyu dilimleyin; enoki mantarlarını temizleyin ve uçlarını kesin; baby bok choy'u yıkayın ve ikiye bölün. Hazırlanan tüm malzemeleri bir kenara koyun.

d) Orta boy bir tencerede, marine edilmiş domuz etini orta-yüksek ateşte sık sık karıştırarak yaklaşık 2 dakika pişirin.

e) Soğan ve kimchiyi ekleyin. Kokusu çıkana kadar yaklaşık 2 dakika soteleyin.

f) Kimchi suyu, et suyu, kırmızı biber salçası, kırmızı toz biberi ekleyip kaynatın.

g) Et Suyu Çorbası tabanı kaynayınca ramen ve shiitake mantarlarını ekleyin. 3 dakika pişmesine izin verin.

ğ) Tofu, enoki mantarları ve Çin lahanasını ekleyin ve 2 dakika veya ramen yumuşayana kadar pişirin. Isıyı kapatın.

h) Yumurtaları soyun ve ikiye bölün.

ı) Kimchi ramenini hazırlayın ve ikiye bölünmüş yumurtalarla servis yapın. Doğranmış yeşil soğanlarla süsleyin.

43. Kimchi Pilav

İÇİNDEKİLER:

- 2 su bardağı pişmiş esmer pirinç
- 1 bardak kimchi, doğranmış
- 1 havuç, ince doğranmış
- 1 su bardağı ıspanak, doğranmış
- 2 yemek kaşığı soya sosu
- 1 yemek kaşığı susam yağı
- 1 yeşil soğan, dilimlenmiş

TALİMATLAR:

a) Bir tavada havuçları yumuşayana kadar soteleyin. Ispanağı ekleyip suyunu çekene kadar pişirin.
b) Tavaya kimchiyi ekleyin ve 2 dakika karıştırarak kızartın.
c) Pişmiş pirinç, soya sosu ve susam yağı ekleyin. Birleştirmek için iyice karıştırın.
ç) Dilimlenmiş yeşil soğanlarla süsleyip sıcak olarak servis yapın.

44.Kimchi Lahana Salatası

İÇİNDEKİLER:

- 2 su bardağı kıyılmış Napa lahanası
- 1 su bardağı rendelenmiş havuç
- 1/2 bardak kimchi, doğranmış
- 2 yemek kaşığı pirinç sirkesi
- 1 yemek kaşığı susam yağı
- 1 yemek kaşığı bal
- Garnitür için susam tohumları

TALİMATLAR:

a) Büyük bir kapta rendelenmiş lahana, havuç ve kimchiyi birleştirin.
b) Ayrı bir kapta pirinç sirkesini, susam yağını ve balı birlikte çırpın. Lahana salatası üzerine dökün ve birleştirmek için fırlatın.
c) Servis yapmadan önce susam tohumu ile süsleyin.

45. Kimchi Quesadillas

İÇİNDEKİLER:

- Un ekmeği
- 1 bardak kimchi, doğranmış
- 1 su bardağı rendelenmiş kaşar peyniri
- 1/2 su bardağı pişmiş ve kıyılmış tavuk (isteğe bağlı)
- 2 yemek kaşığı ekşi krema (servis için)

TALİMATLAR:

a) Isıtılmış bir tavaya bir tortilla yerleştirin.

b) Bir kat kaşar peyniri serpin, doğranmış kimchiyi ve tavuğu (kullanıyorsanız) ekleyin. Üzerine başka bir peynir tabakası koyun ve üstüne başka bir tortilla yerleştirin.

c) Peynir eriyene ve tortillaların her iki tarafı da altın kahverengi olana kadar pişirin.

ç) Dilimler halinde dilimleyin ve bir parça ekşi krema ile servis yapın.

46.Kimchi Avokado Tostu

İÇİNDEKİLER:

- 4 dilim tam tahıllı ekmek
- 1 olgun avokado, püresi
- 1 bardak kimchi, süzülmüş ve doğranmış
- Garnitür için susam tohumları
- Kırmızı biber gevreği (isteğe bağlı)

TALİMATLAR:

a) Ekmek dilimlerini dilediğiniz gibi kızartın.
b) Püre haline getirilmiş avokadoyu her dilimin üzerine eşit şekilde yayın.
c) Üstüne doğranmış kimchiyi ekleyin ve susam serpin (ve biraz sıcaktan hoşlanıyorsanız kırmızı biber gevreği).

47.Kimchi Tofu Tavada Kızartma

İÇİNDEKİLER:
- 1 blok sert tofu, küp şeklinde
- 1 bardak kimchi, doğranmış
- 1 su bardağı brokoli çiçeği
- 1 dolmalık biber, dilimlenmiş
- 2 yemek kaşığı soya sosu
- 1 yemek kaşığı susam yağı
- 1 yemek kaşığı bal
- Servis için pişmiş pirinç

TALİMATLAR:
a) Bir tavada tofuyu altın kahverengi olana kadar soteleyin. Brokoli ve biberi ekleyin.
b) Kıyılmış kimchiyi karıştırın ve 2-3 dakika daha pişirin.
c) Küçük bir kapta soya sosu, susam yağı ve balı karıştırın. Tofu ve sebze karışımını üzerine dökün.
ç) Pişmiş pilavın üzerinde servis yapın.

48.Kimçi Humus

İÇİNDEKİLER:
- 1 kutu (15 oz) nohut, süzülmüş ve durulanmış
- 1/2 bardak kimchi, doğranmış
- 2 yemek kaşığı tahin
- 2 diş sarımsak
- 3 yemek kaşığı zeytinyağı
- 1 limonun suyu
- Tatmak için biber ve tuz

TALİMATLAR:
a) Bir mutfak robotunda nohut, kimchi, tahin, sarımsak, zeytinyağı ve limon suyunu birleştirin.
b) Pürüzsüz olana kadar karıştırın, gerektiği gibi kenarlarını kazıyın.
c) Tatmak için tuz ve karabiber ekleyin. Pide cipsi veya sebze çubukları ile servis yapın.

49.Kimchi Suşi Ruloları

İÇİNDEKİLER:

- Nori çarşafları
- Pişmiş suşi pirinci
- 1 bardak kimchi, doğranmış
- dilimlenmiş avokado
- Dilimlenmiş salatalık
- Daldırma için soya sosu

TALİMATLAR:

a) Bambu suşi matının üzerine bir yaprak nori yerleştirin.
b) Norinin üzerine bir kat suşi pirinci yayın ve üstte küçük bir kenarlık bırakın.
c) Bir sıra doğranmış kimchi, dilimlenmiş avokado ve salatalık ekleyin.
ç) Suşiyi sıkıca yuvarlayın ve ısırık büyüklüğünde parçalar halinde dilimleyin. Soya sosuyla servis yapın.

50.Kimchi Acılı Yumurta

İÇİNDEKİLER:
- 6 adet haşlanmış yumurta, soyulmuş ve ikiye bölünmüş
- 1/4 bardak kimchi, ince doğranmış
- 2 yemek kaşığı mayonez
- 1 çay kaşığı Dijon hardalı
- Tatmak için biber ve tuz
- Garnitür için kırmızı biber

TALİMATLAR:
a) Yumurta sarılarını çıkarıp bir kasede ezin.
b) Kıyılmış kimchi, mayonez, Dijon hardalı, tuz ve karabiberi karıştırın.
c) Karışımı tekrar yumurta beyazı yarımlarına dökün.
ç) Servis yapmadan önce üzerine kırmızı biber serpin ve buzdolabında saklayın.

51.Kimchi Sezar Salatası

İÇİNDEKİLER:

- Kıyılmış marul
- 1 bardak kimchi, doğranmış
- Kızarmış ekmek
- Rendelenmiş Parmesan peyniri
- Sezar Sosu

TALİMATLAR:

a) Büyük bir kapta doğranmış marul ve kimchiyi birleştirin.
b) Krutonları ve rendelenmiş Parmesan peynirini ekleyin.
c) En sevdiğiniz Sezar sosunu ekleyin ve hemen servis yapın.

52.Kimçi Guacamole

İÇİNDEKİLER:

- 3 olgun avokado, püresi
- 1 bardak kimchi, doğranmış
- 1/4 bardak kırmızı soğan, ince doğranmış
- 1 limon, suyu sıkılmış
- Tatmak için biber ve tuz
- Servis için tortilla cipsi

TALİMATLAR:

a) Bir kapta avokadoları ezin.
b) Kıyılmış kimchi, kırmızı soğan, limon suyu, tuz ve karabiber ekleyin. İyice karıştırın.
c) Kimchi guacamole'yi tortilla cipsiyle servis edin.

53.Kimchi Krepleri/ Kimchijeon

İÇİNDEKİLER:

- 500 gr (1 lb 2 oz) Çin lahanası kimchi
- 2 çay kaşığı gochugaru toz biber
- 2 yemek kaşığı fermente hamsi sosu
- 650 g (1 lb 7 oz) Kore gözleme hamuru
- Nötr bitkisel yağ

TALİMATLAR:

a) Kimchiyi makasla küçük parçalara ayırın ve suyunu boşaltmadan bir kaseye koyun. Gochugaru'yu ekleyin biber tozu ve fermente hamsi sosu. Krep hamurunu ekleyin ve iyice karıştırın.

b) Kızartma tavasını bitkisel yağla cömertçe kaplayın ve yüksek ateşte ısıtın. Tavanın dibine ince bir tabaka kimchi hamuru yayın. Yapışmasını önlemek için hamuru bir spatula kullanarak derhal tavanın altından kaldırın. Kenarlar kahverengileşmeye ve yüzey hafifçe sertleşmeye başladığında krepi ters çevirin.

c) Diğer tarafını da yüksek ateşte 4 dakika daha pişirin. Her gözleme için tekrarlayın.

ç) Kore gözleme sosu veya soğan soya sosu turşusu ile tadını çıkarın.

54.Kimchi Soslu Çin Lahana Salatası

İÇİNDEKİLER:

- 600 gr (1 lb 5 oz) Çin lahanası
- 50 gr (1¾ oz) kaba deniz tuzu
- 1 litre (4 su bardağı) su
- 4 sarımsak frenk soğanı sapı (veya 2 taze soğan / yeşil soğan sapı, soğansız)
- 1 havuç
- 1 yemek kaşığı şeker
- 50 gr (1¾ oz) baharatlı turşu
- 2 yemek kaşığı fermente hamsi sosu
- ½ yemek kaşığı susam
- Deniz tuzu

TALİMATLAR:

a) Çin lahanasını büyük, ısırık büyüklüğünde parçalar halinde kesin. Tuzu suda eritin ve lahanayı batırın. 1½ saat dinlenmeye bırakın.
b) Frenk soğanı 5 cm (2 inç) parçalar halinde kesin. Havucu rendeleyin.
c) Lahanayı boşaltın. Art arda üç kez durulayın, ardından 30 dakika boyunca süzülmesine izin verin.
ç) Şeker, baharatlı turşu, fermente hamsi sosu, havuç ve frenk soğanı ile karıştırın.
d) Baharatını deniz tuzu ile ayarlayın. Susam serpin.

LAHANA TURŞUSU

55.Klasik Lahana Turşusu

İÇİNDEKİLER:

- 1 orta boy lahana, ince dilimlenmiş
- 1 su bardağı beyaz sirke
- 1 bardak su
- 1/4 su bardağı şeker
- 1 yemek kaşığı tuz
- 1 çay kaşığı hardal tohumu
- 1 çay kaşığı kereviz tohumu
- 1 çay kaşığı zerdeçal

TALİMATLAR:

a) Bir tencerede su, sirke, şeker, tuz, hardal tohumu, kereviz tohumu ve zerdeçalı birleştirin.
b) Karışımı kaynatın, şeker ve tuz eriyene kadar karıştırın.
c) İnce dilimlenmiş lahanayı geniş bir kaseye koyun.
ç) Sıcak salamurayı lahananın üzerine dökün ve tamamen suya batırıldığından emin olun.
d) Sterilize edilmiş bir kavanoza aktarmadan önce lahana turşusunun oda sıcaklığına soğumasını bekleyin.
e) Servis yapmadan önce en az 24 saat buzdolabında saklayın.

56. Piccalilli

İÇİNDEKİLER:

- 6 su bardağı doğranmış yeşil domates
- 1 1/2 bardak yeşil biberler, doğranmış
- 7 1/2 su bardağı doğranmış lahana
- 1/2 su bardağı turşu tuzu
- 1 1/2 bardak tatlı kırmızı biber, doğranmış
- 2 1/4 bardak doğranmış soğan
- 3 yemek kaşığı bütün karışık dekapaj baharatı
- 4 1/2 bardak %5 sirke
- 3 su bardağı esmer şeker

TALİMATLAR:

a) Sebzeleri 1/2 bardak tuzla atın.
b) Sıcak suyla örtün ve 12 saat bekletin. Boşaltmak.
c) Baharatları bir baharat torbasına bağlayın ve birleşik sirke ve şekeri ekleyin ve kaynatın.
ç) Sebzeleri ekleyin ve 30 dakika boyunca yavaşça kaynatın; baharat torbasını çıkarın.
d) Sıcak steril kavanozları sıcak karışımla doldurun ve 1/2 inçlik boşluk bırakın.
e) Hava kabarcıklarını serbest bırakın.
f) Kavanozları sıkıca kapatın, ardından su banyosunda 5 dakika ısıtın.

57.Temel Lahana turşusu

İÇİNDEKİLER:

- 25 lbs. Lahana, durulanmış ve parçalanmış
- 3/4 bardak dekapaj tuzu

TALİMATLAR:

a) Lahanayı bir kaba koyun ve 3 yemek kaşığı tuz ekleyin.
b) Temiz eller kullanarak karıştırın.
c) Ambalaj tuz lahananın suyunu çekene kadar.
d) Plaka ve ağırlıkları ekleyin; kabı temiz bir banyo havlusuyla örtün.
e) 3 ila 4 hafta boyunca 70° ila 75°F sıcaklıkta saklayın.

58.Baharatlı Asya Lahana Turşusu

İÇİNDEKİLER:

- 1 küçük lahana, doğranmış
- 1 bardak pirinç sirkesi
- 1/2 bardak soya sosu
- 2 yemek kaşığı şeker
- 2 diş sarımsak, kıyılmış
- 1 yemek kaşığı zencefil, rendelenmiş
- 1 çay kaşığı kırmızı biber gevreği

TALİMATLAR:

a) Pirinç sirkesini, soya sosunu, şekeri, kıyılmış sarımsağı, rendelenmiş zencefili ve kırmızı pul biberi bir kapta birleştirin.

b) Şeker eriyene kadar iyice karıştırın.

c) Kıyılmış lahanayı büyük bir kavanoza koyun ve üzerine sıvıyı dökün.

ç) Kavanozun ağzını kapatın ve servis etmeden önce en az 2 saat buzdolabında bekletin.

59. Elma Sirkesi Lahana Turşusu

İÇİNDEKİLER:
- 1 küçük baş kırmızı lahana, ince dilimlenmiş
- 1 su bardağı elma sirkesi
- 1/2 su bardağı su
- 2 yemek kaşığı bal
- 1 yemek kaşığı tuz
- 1 çay kaşığı bütün karabiber
- 2 adet defne yaprağı

TALİMATLAR:

a) Bir tencerede elma sirkesi, su, bal, tuz, karabiber ve defne yapraklarını birleştirin.

b) Karışımı kaynama noktasına getirin, bal ve tuz eriyene kadar karıştırın.

c) Dilimlenmiş lahanayı geniş bir kaseye koyun ve üzerine sıcak salamurayı dökün.

ç) Soğumasını bekleyin, ardından lahana turşusunu bir kavanoza aktarın ve servis yapmadan önce en az 4 saat buzdolabında saklayın.

60.Dereotu ve Sarımsak Turşusu Lahana

İÇİNDEKİLER:

- 1 orta boy yeşil lahana, doğranmış
- 1 1/2 bardak beyaz sirke
- 1 bardak su
- 3 yemek kaşığı şeker
- 2 yemek kaşığı tuz
- 3 diş sarımsak, ezilmiş
- 2 yemek kaşığı taze dereotu, doğranmış

TALİMATLAR:

a) Bir tencerede beyaz sirke, su, şeker, tuz, ezilmiş sarımsak ve doğranmış dereotu birleştirin.
b) Karışımı şeker ve tuz eriyene kadar ısıtın.
c) Kıyılmış lahanayı büyük bir kavanoza koyun ve üzerine sıcak salamurayı dökün.
ç) Soğumaya bırakın, ardından tadını çıkarmadan önce en az 12 saat buzdolabında saklayın.

LAHANA İLE PİŞİRME

61.Kırmızı Lahana Lahana Salatası

İÇİNDEKİLER:

- ½ baş kırmızı lahana, ince dilimlenmiş
- 2 havuç, rendelenmiş
- ½ bardak mayonez
- 2 yemek kaşığı Dijon hardalı
- 2 yemek kaşığı elma sirkesi
- 1 yemek kaşığı bal
- Tatmak için biber ve tuz
- Garnitür için kıyılmış taze maydanoz

TALİMATLAR:

a) Büyük bir kapta kırmızı lahana ve rendelenmiş havuçları birleştirin.
b) Ayrı bir kapta mayonez, Dijon hardalı, elma sirkesi, bal, tuz ve karabiberi birlikte çırpın.
c) Sosu lahana karışımının üzerine dökün ve kaplayın.
ç) Servis yapmadan önce kıyılmış maydanozla süsleyin.

62.Fiji Tavuk Pirzolası Suey

İÇİNDEKİLER:

- 1 pound kemiksiz, derisiz tavuk göğsü veya uyluk, ince dilimlenmiş
- 2 yemek kaşığı bitkisel yağ
- 1 soğan, dilimlenmiş
- 2 diş sarımsak, kıyılmış
- 1 inçlik taze zencefil parçası, rendelenmiş
- 1 su bardağı dilimlenmiş lahana
- 1 su bardağı dilimlenmiş havuç
- 1 su bardağı dilimlenmiş biber (kırmızı, yeşil veya sarı)
- 1 su bardağı dilimlenmiş brokoli çiçeği
- ¼ bardak soya sosu
- 2 yemek kaşığı istiridye sosu
- 1 yemek kaşığı mısır nişastası, 2 yemek kaşığı suda eritilmiş
- Servis için pişmiş beyaz pirinç

TALİMATLAR:

a) Büyük bir tavada veya wok'ta bitkisel yağı orta-yüksek ateşte ısıtın.
b) Dilimlenmiş tavuğu ekleyin ve iyice pişip hafifçe kızarana kadar karıştırarak kızartın. Tavuğu tavadan alıp bir kenara koyun.
c) Aynı tavada gerekirse biraz daha yağ ekleyip, dilimlenmiş soğanı, kıyılmış sarımsağı ve rendelenmiş zencefili, kokusu çıkana ve soğanlar şeffaflaşana kadar soteleyin.
ç) Dilimlenmiş lahanayı, havuçları, dolmalık biberleri ve brokoliyi tavaya ekleyin. Sebzeleri yumuşayana kadar birkaç dakika karıştırarak kızartın.
d) Pişen tavukları tekrar tavaya alın ve sebzelerle karıştırın.
e) Küçük bir kapta soya sosu ve istiridye sosunu karıştırın. Sosu tavuk ve sebzelerin üzerine dökün ve iyice kaplanana kadar her şeyi bir arada karıştırın.
f) Sosu hafifçe kalınlaştırmak için mısır nişastası karışımını karıştırın.
g) Lezzetli ve doyurucu bir yemek için Fijian Chicken Chop Suey'i pişmiş beyaz pirinç üzerinde servis edin.

63.Beyaz Lahana ve Patates

İÇİNDEKİLER:

- 1 beyaz lahana (yaklaşık 2 kg)
- 4 havuç (soyulmuş)
- 3 beyaz soğan
- 1 yeşil biber
- 6 adet büyük patates (soyulmuş)
- 3 diş sarımsak
- 2 çay kaşığı bitkisel yağ
- 3 çay kaşığı tuz
- 3 yeşil biber

TALİMATLAR:

a) Lahanayı, havucu, soğanı, yeşil biberi ve patatesi yıkayıp iri iri doğrayın.
b) Sarımsakları soyun ve ince ince doğrayın.
c) Lahanayı orta ateşte kapaklı büyük bir tavaya koyun.
ç) 5 dakika sonra lahanaların tavaya yapışmasını önlemek için bir miktar su ekleyin.
d) 10 dakika sonra lahanalar biraz yumuşayınca havuçları ekleyin ve yağı ekleyerek karıştırın.
e) 10 dakika sonra soğanları ekleyin.
f) 5 dakika sonra sarımsakları ekleyin.
g) Tüm sebzeler pişip yumuşayana kadar ocakta 10 dakika kısık ateşte bırakın. Biber ve biberi ekleyin . İyice karıştırıp 5 dakika pişirin.
ğ) Tuzu karıştırın.

64.Yeşil Sebzeli Tostadas

İÇİNDEKİLER:

- 6 mısır ekmeği (her biri 5 inç)
- 2 yemek kaşığı sızma zeytinyağı, bölünmüş
- 1 su bardağı doğranmış kabak
- 1 su bardağı doğranmış kuşkonmaz
- ½ su bardağı doğranmış yeşil biber
- ¼ bardak dondurulmuş mısır
- 1 su bardağı kıyılmış lahana
- 2 yeşil soğan, doğranmış
- Bir avuç kabaca doğranmış kişniş
- Deniz tuzu ve karabiber
- Kaju ekşi krema ve servis için hazırlanan tomatillo salsa

TALİMATLAR:

a) Fırınınızı önceden 400°F'ye ısıtın. Mısır ekmeğini bir çorba kaşığı zeytinyağıyla fırçalayın ve üzerine deniz tuzu serpin. Bunları bir kurabiye kağıdına yayın ve çıtır çıtır olana kadar pişirin, bu genellikle yaklaşık 10 dakika sürer.

b) Bir tavada, kalan yemek kaşığı zeytinyağını orta-yüksek ateşte ısıtın. Tavaya doğranmış kabak, kuşkonmaz, dolmalık biber ve mısır ekleyin. Hafifçe yumuşayana kadar soteleyin, bu yaklaşık 3 dakika sürecektir. Daha sonra rendelenmiş lahanayı tavaya ekleyin ve 2 dakika daha soteleyin. Karışımı tuz ve karabiberle tatlandırın ve ocağı kapatın.

c) Sotelenmiş sebzeleri çıtır tortillaların arasına eşit şekilde paylaştırın. Üzerine doğranmış yeşil soğan ve kabaca doğranmış kişniş serpin. Her birine kaju ekşi krema ve tomatillo salsa serpin.

ç) Yeşil Sebzeli Tostada'larınızın tadını çıkarın!

65. Pazı ve Brokoli Suyu

İÇİNDEKİLER:

- 1 küçük boy brokoli, çiçeklerine ayrılmış
- 1 adet küçük boy kırmızı lahana
- ½ çay kaşığı Maca tozu
- Parçalara ayrılmış 3 büyük pazı yaprağı

TALİMATLAR:

a) Lahana ve brokoliyi bir meyve sıkacağı ile işleyin.
b) Geri kalan malzemeleri meyve sıkacağınıza koyun.
c) Meyve suyunu dikkatlice birleştirin. Son olarak dilerseniz meyve suyunu kırılmış buz üzerinde servis edin.

66. Turp Lahana Salatası

İÇİNDEKİLER:
- 1 demet turp, kesilmiş ve ince dilimlenmiş
- ½ küçük kırmızı lahana, ince dilimlenmiş
- 1 havuç, rendelenmiş
- ¼ bardak mayonez
- 1 yemek kaşığı elma sirkesi
- 1 çay kaşığı bal
- Tatmak için biber ve tuz

TALİMATLAR:
a) Büyük bir kapta turp, kırmızı lahana ve havuçları birleştirin.
b) Küçük bir kapta mayonez, elma sirkesi, bal, tuz ve karabiberi birlikte çırpın.
c) Sosu sebzelerin üzerine dökün ve iyice kaplanana kadar fırlatın.
ç) Servis yapmadan önce en az 30 dakika buzdolabında saklayın.

67.Lahanalı Gökkuşağı Salatası

İÇİNDEKİLER:

- 5 onsluk tereyağlı marul paketi
- 5 onsluk paket roka
- 5 onsluk Baharatlı karışım paketi Mikro yeşillikler
- 1 adet ince dilimlenmiş mor turp
- 1/2 bardak bezelye, ince dilimlenmiş
- 1 yeşil turp, ince dilimlenmiş
- 1/4 bardak kırmızı lahana, kıyılmış
- 2 arpacık soğan, halkalar halinde kesilmiş
- 1 karpuz turp, ince dilimlenmiş
- 2 kan portakalı, parçalanmış
- 3 gökkuşağı havuç, şeritler halinde kesilmiş
- 1/2 su bardağı kan portakalı suyu
- 1/2 su bardağı sızma zeytinyağı
- 1 yemek kaşığı kırmızı şarap sirkesi
- 1 yemek kaşığı kurutulmuş kekik
- 1 yemek kaşığı bal
- Tatmak için biber ve tuz
- Yenilebilir Çiçekleri süslemek için

TALİMATLAR:

a) Zeytinyağı, kırmızı şarap sirkesi ve kekiği bir kapta karıştırın. Arpacık soğanı ekleyin ve tezgahta en az 2 saat marine edilmeye bırakın.

b) Arpacık soğanlarını bir kenara koyun.

c) Bir kavanozda portakal suyunu, zeytinyağını, balı ve bir miktar tuz ve karabiberi koyulaşıp pürüzsüz hale gelinceye kadar çırpın. Tatmak için tuz ve karabiber ekleyin.

d) Mikro yeşillikler, marul ve rokadan oluşan baharatlı karışımı, yaklaşık ¼ fincan salata sosuyla çok büyük bir karıştırma kabına atın

e) Havuç, bezelye, arpacık soğanı ve portakal dilimlerini turpların yarısıyla birleştirin.

f) Her şeyi bir araya getirin ve bitirmek için ekstra salata sosu ve yenilebilir çiçekler ekleyin.

68.Mikro Yeşillikler ve Kar Bezelye Salatası

İÇİNDEKİLER:
SİRKE
- 1 çay kaşığı akçaağaç şurubu
- 2 çay kaşığı limon suyu
- 2 yemek kaşığı beyaz balzamik sirke
- 1 ½ su bardağı doğranmış çilek
- 3 yemek kaşığı zeytinyağı

SALATA
- 2 turp, ince dilimlenmiş
- 6 ons Lahana mikro yeşillikleri
- 12 kar bezelyesi, ince dilimlenmiş
- Süslemek için ikiye bölünmüş çilekler, yenilebilir çiçekler ve taze bitki dalları

TALİMATLAR:
a) Salata sosunu hazırlamak için çilekleri, sirkeyi ve akçaağaç şurubunu bir karıştırma kabında çırpın. Sıvıyı süzün ve limon suyu ve yağı ekleyin.
b) Tuz ve karabiberle tatlandırın.
c) Salatayı yapmak için mikro yeşillikleri, kar bezelyesini, turpları, saklanmış çilekleri ve ¼ fincan salata sosunu büyük bir karıştırma kabında birleştirin.
d) Garnitür olarak ikiye bölünmüş çilekleri, yenilebilir çiçekleri ve taze bitki dallarını ekleyin.

69.Acı tatlı Nar Salatası

İÇİNDEKİLER:

PANSUMAN:
- 2 Yemek kaşığı limon suyu
- ½ su bardağı kan portakalı suyu
- ¼ bardak akçaağaç şurubu

SALATA:
- ½ bardak taze kesilmiş Lahana Mikro Yeşilleri
- 1 küçük radikchio, ısırık büyüklüğünde parçalanmış
- ½ su bardağı mor lahana, ince dilimlenmiş
- ¼ küçük kırmızı soğan, ince doğranmış
- 3 turp, ince şeritler halinde kesilmiş
- 1 kan portakalı, soyulmuş, çekirdekleri çıkarılmış ve parçalara ayrılmış
- tatmak için biber ve tuz
- ⅓ bardak ricotta peyniri
- ¼ bardak çam fıstığı, kızartılmış
- ¼ bardak nar taneleri
- 1 Yemek kaşığı zeytinyağı

TALİMATLAR:

PANSUMAN:
a) Tüm sos malzemelerini 20-25 dakika kadar hafifçe pişirin.
b) Servis yapmadan önce soğumaya bırakın.

SALATA:
c) Radikşio, lahana, soğan, turp ve mikro yeşillikleri bir karıştırma kabında birleştirin.
ç) Tuz, karabiber ve zeytinyağıyla hafifçe karıştırın.
d) Servis tabağına küçük bir kaşık dolusu ricotta peynirini serpin.
e) Üzerine çam fıstığı ve nar tanelerini ekleyin ve üzerine kan portakalı şurubu gezdirin.

70.Serin Somon Severler Salatası

İÇİNDEKİLER:

- 1 pound Pişmiş kral veya koho somonu; parçalara ayrılmış
- 1 fincan Dilimlenmiş kereviz
- ½ bardak İri doğranmış lahana
- 1¼ bardak Mayonez veya salata sosu; (1 ½'ye kadar)
- ½ bardak Tatlı turşu keyfi
- 1 çorba kaşığı Hazır yaban turpu
- 1 çorba kaşığı İnce doğranmış soğan
- ¼ çay kaşığı Tuz
- 1 çizgi Biber
- Lahana Yaprakları; marul yaprakları veya hindiba
- Dilimlenmiş turp
- Dereotu-turşu dilimleri
- Rulo veya kraker

TALİMATLAR:

a) Büyük bir karıştırma kabı kullanarak somonu, kerevizi ve lahanayı yavaşça karıştırın.

b) Başka bir kapta mayonez veya salata sosunu, turşu çeşnisini, yaban turpu, soğanı, tuzu ve karabiberi birlikte karıştırın. Somon karışımına ekleyin ve kaplayın. Salatayı örtün ve servis zamanına kadar (24 saate kadar) soğutun.

c) Bir salata kasesini yeşilliklerle kaplayın. Somon karışımına kaşıkla dökün. Üstüne turp ve dereotu turşusu ekleyin. Salatayı rulo veya krakerle servis edin.

71.Mantarlı Pirinç Kağıdı Ruloları

İÇİNDEKİLER:

- 1 yemek kaşığı susam yağı
- 2 diş sarımsak, ezilmiş
- 1 çay kaşığı rendelenmiş zencefil
- 2 arpacık, ince doğranmış
- 300 gr düğme mantarı, doğranmış
- 40 gr Çin lahanası, ince kıyılmış
- 2 çay kaşığı az tuzlu soya sosu
- 16 büyük yaprak pirinç kağıdı
- 1 demet taze kişniş, yaprakları ayıklanmış
- 2 orta boy havuç, soyulmuş, ince jülyen doğranmış
- 1 su bardağı fasulye filizi, doğranmış
- Servis için ekstra az tuzlu soya sosu

TALİMATLAR:
MANTAR DOLGUSUNU HAZIRLAYIN
a) Susam yağını, ezilmiş sarımsağı ve rendelenmiş zencefili bir tavada kısık ateşte 1 dakika ısıtın.
b) Tavaya ince doğranmış arpacık soğanı, doğranmış düğme mantarlarını ve kıyılmış Çin lahanasını ekleyin.
c) Isıyı orta dereceye yükseltin ve 3 dakika veya malzemeler yumuşayana kadar pişirin.
ç) Pişen karışımı bir kaseye aktarın, az tuzlu soya sosunu ekleyin ve soğumaya bırakın.

PİRİNÇ KAĞITLARINI YUMUŞATIN
d) Büyük bir kaseyi ılık suyla doldurun.
e) Yaklaşık 30 saniye kadar yumuşaması için suya 2 pirinç kağıdı yaprağını aynı anda yerleştirin. Yumuşak olduklarından ancak yine de elle tutulabilecek kadar sağlam olduklarından emin olun.

RULOLARI BİRLEŞTİRİN
f) Yumuşatılmış pirinç kağıdı yapraklarını sudan çıkarın ve iyice süzün. Bunları düz bir tahtaya yerleştirin.
g) Her bir tabakaya taze kişniş yaprakları serpin ve ardından başka bir pirinç kağıdı tabakasıyla sandviçleyin.
ğ) Fazla nemin süzülmesine dikkat ederek, çift katlı pirinç kağıdının üzerine bir çorba kaşığı mantar karışımı ekleyin.
h) Mantarlı karışımın üzerine jülyen doğranmış havuç ve fasulye filizlerini ekleyin.
ı) Pirinç kağıdının uçlarını katlayın ve kağıdı sıkıca sarın.
i) Hazırlanan ruloyu bir kenara koyun ve üzerini plastikle örtün.
j) Daha fazla rulo oluşturmak için işlemi kalan malzemelerle tekrarlayın.
k) Mantarlı Pirinç Kağıdı Rulolarını daldırma için ekstra az tuzlu soya sosuyla hemen servis edin.

72.Asya Gnocchi Salatası

İÇİNDEKİLER:

- 1 kiloluk patates gnocchi
- 1 su bardağı kıyılmış lahana
- 1 bardak havuç, jülyen doğranmış
- ½ fincan edamame fasulyesi, pişmiş
- ¼ bardak yeşil soğan, doğranmış
- Susam taneleri
- Susamlı zencefil sosu
- Soya sosu (isteğe bağlı)

TALİMATLAR:

a) Gnocchi'yi paket talimatlarına göre pişirin, ardından süzün ve bir kenara koyun.

b) Büyük bir kapta pişmiş gnocchi, rendelenmiş lahana, jülyen doğranmış havuç, pişmiş edamame fasulyesi ve doğranmış yeşil soğanları birleştirin.

c) Üzerine susamlı zencefil sosunu gezdirin ve tüm malzemeleri kaplayacak şekilde hafifçe atın.

ç) En üste susam tohumlarını serpin.

d) İstenirse, ekstra lezzet için bir çiseleyen soya sosu ekleyin.

e) Asya gnocchi salatasını canlı ve lezzetli bir seçenek olarak servis edin.

73. Lahana Köfte

İÇİNDEKİLER:

- 1 paket köfte sarma kağıdı
- ½ pound kıyma domuz eti
- ½ bardak Napa lahanası, ince doğranmış
- ¼ bardak yeşil soğan, ince doğranmış
- 1 yemek kaşığı zencefil, kıyılmış
- 2 yemek kaşığı soya sosu
- 1 yemek kaşığı susam yağı
- 1 çay kaşığı şeker
- ½ çay kaşığı tuz
- ¼ çay kaşığı karabiber

TALİMATLAR:

a) Bir karıştırma kabında domuz eti, Napa lahanası, yeşil soğan, zencefil, soya sosu, susam yağı, şeker, tuz ve karabiberi birleştirin. Tüm malzemeler eşit şekilde birleşene kadar iyice karıştırın.

b) Bir hamur tatlısı kağıdı alın ve ortasına bir kaşık domuz eti dolgusu koyun.

c) Parmağınızı suya batırın ve ambalajın kenarlarını nemlendirin.

ç) Ambalajı ikiye katlayın ve kenarları birbirine bastırarak yarım ay şekli oluşturun.

d) İşlemi kalan hamur tatlısı sarmalayıcıları ve doldurma ile tekrarlayın.

e) Büyük bir tencereye suyu kaynatın. Köfteleri kaynayan suya ekleyin ve yüzeye çıkana kadar yaklaşık 5-7 dakika pişirin.

f) Köfteleri süzün ve soya sosu veya en sevdiğiniz daldırma sosuyla sıcak olarak servis yapın.

74.Tayvanlı Kızarmış Pirinç Eriştesi

İÇİNDEKİLER:

- 8 ons kurutulmuş pirinç eriştesi (mi fen)
- 2 yemek kaşığı bitkisel yağ
- 2 diş sarımsak, kıyılmış
- 1 su bardağı kıyılmış lahana
- 1 su bardağı fasulye filizi
- ½ su bardağı dilimlenmiş havuç
- ½ su bardağı dilimlenmiş yeşil dolmalık biber
- 2 yemek kaşığı soya sosu
- 1 yemek kaşığı istiridye sosu
- ½ çay kaşığı şeker
- ¼ çay kaşığı beyaz biber
- Kıyılmış yeşil soğan (garnitür için)

TALİMATLAR:

a) Pirinç eriştelerini paketin üzerindeki talimatlara göre pişirin. Drenaj yapın ve bir kenara koyun.
b) Bitkisel yağı büyük bir wok veya tavada orta-yüksek ateşte ısıtın.
c) Kıyılmış sarımsağı ekleyin ve kokusu çıkana kadar yaklaşık 1 dakika karıştırarak kavurun.
ç) Kıyılmış lahanayı, fasulye filizlerini, dilimlenmiş havuçları ve yeşil dolmalık biberi wok'a ekleyin. Sebzeler hafif yumuşayana kadar yaklaşık 2-3 dakika karıştırarak pişirin.
d) Sebzeleri wok'un bir tarafına itin ve boş tarafa pişmiş pirinç noodle'larını ekleyin.
e) Küçük bir kapta soya sosunu, istiridye sosunu, şekeri ve beyaz biberi karıştırın. Bu sosu eriştelerin üzerine dökün.
f) Erişteler sosla iyice kaplanana ve ısıtılana kadar her şeyi 2-3 dakika daha karıştırın.
g) Doğranmış yeşil soğanlarla süsleyin.
ğ) Tsao'ya servis yapın Mi Fun, ana yemek veya garnitür olarak sıcaktır.

75.Lahana ve Edamame Sararları

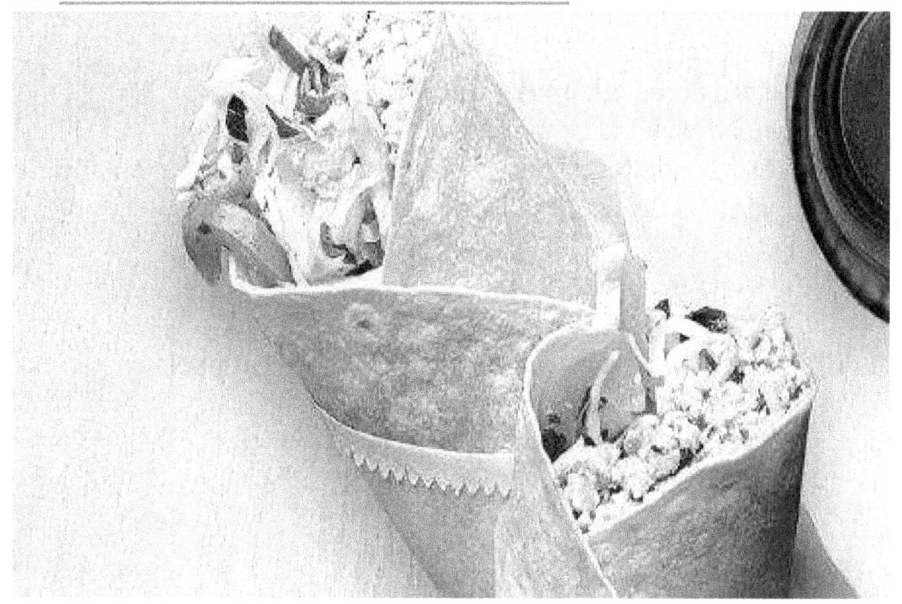

İÇİNDEKİLER:
- 6 yemek kaşığı Edamame humus
- 2 unlu tortilla
- ½ bardak rendelenmiş havuç ve lahana
- 1 su bardağı taze bebek ıspanak
- 6 dilim domates
- 2 yemek kaşığı yeşil tanrıça salatası sosu

TALİMATLAR:
a) Humus'u her tortillaya yayın.
b) Lahana ve havuç, ıspanak ve domates ile katmanlayın.
c) Pansumanla gezdirin.
d) Sıkıca rulo yapın.
e) Mikrodalgada 2 dakika ısıtın.

76.Kupada Yumurta Kızarmış Pilav

İÇİNDEKİLER:
- 1 su bardağı pişmiş yasemin pirinci
- 2 yemek kaşığı dondurulmuş bezelye
- 2 yemek kaşığı doğranmış kırmızı biber
- ½ sap yeşil soğan, dilimlenmiş
- 1 tutam maş fasulyesi filizi
- 1 tutam kıyılmış mor lahana
- 1 yumurta
- 1 yemek kaşığı düşük sodyumlu soya sosu
- ½ çay kaşığı susam yağı
- ½ çay kaşığı soğan tozu
- ¼ çay kaşığı beş baharat tozu

TALİMATLAR:
a) Pirinci bir bardağa yerleştirin.
b) Bezelyeyi, kırmızı biberi, yeşil soğanı, maş fasulyesi filizini ve lahanayı üstüne koyun.
c) Kupayı streç filmle kaplayın.
ç) Bir bıçak kullanarak filmde delikler açın.
d) Mikrodalga yüksek sıcaklıkta 1 dakika 15 saniye süreyle ısıtılır.
e) Bu arada yumurtayı çırpın ve soya sosu, susam yağı, soğan tozu ve beş baharat tozunu karıştırın.
f) Yumurta karışımını bardağa dökün ve sebze ve pirinçle karıştırın.
g) Kupayı tekrar streç filmle kapatın ve mikrodalgada 1 dakika 15 saniye ile 1 dakika 30 saniye arasında pişirin.
ğ) Kupayı mikrodalgadan çıkarın ve her şeyi iyice karıştırın.
h) Kızartılmış pirinci pişirmeyi bitirmek için bir dakika bekletin.
ı) Pirinci kabartmak ve servis yapmak için bir çatal kullanın.

77. Lahana Lazanyası

İÇİNDEKİLER:

- 2 kilo kıyma
- 1 Soğan; doğranmış
- 1 Yeşil biber; doğranmış
- 1 Orta boy lahana başı; rendelenmiş
- 1 çay kaşığı Kekik
- 1 çay kaşığı Tuz
- ⅛ çay kaşığı Biber
- 18 ons Domates salçası; VEYA
- İtalyan baharatları ile domates salçası
- 8 ons Mozzarella peyniri; dilimlenmiş

TALİMATLAR:

a) Kıymayı, soğanı ve yeşil biberi etler kahverengileşinceye kadar soteleyin. İyice boşaltın.

b) Bu arada lahanayı yumuşayana kadar 2-5 dakika kaynatın. 2 bardak sıvı lahanayı kekik, tuz, karabiber ve domates salçasıyla birleştirin.

c) 5 dakika pişirin veya Mikrodalgada pişirin. Et-sebze karışımını ekleyin. 5 dakika daha kaynatın. Domates-et karışımının yarısını 13x9 inçlik bir tavaya dökün. İyice süzülmüş lahanayı sosun üzerine, ardından sosun geri kalanını koyun. Üstünü kaplayacak şekilde dilimlenmiş peynir ekleyin.

ç) 400 F'de 25-40 dakika pişirin. Son 5-10 dakikada peynir eklenebilir. Pişirme süresini kısaltmak için bir süre mikrodalgada pişirebilir ve ardından fırında bitirebilirsiniz.

78. Japon Lahanası Okonomiyaki

İÇİNDEKİLER:

- 2 su bardağı lahana, ince kıyılmış
- 1 fincan çok amaçlı un
- ¾ bardak su
- 2 büyük yumurta
- ½ su bardağı doğranmış soğan
- ½ bardak doğranmış pişmiş pastırma veya karides (isteğe bağlı)
- ¼ bardak mayonez
- 2 yemek kaşığı Worcestershire sosu
- 1 yemek kaşığı soya sosu
- Servis için palamut pulları (kurutulmuş balık pulları) ve zencefil turşusu

TALİMATLAR:

a) Büyük bir kapta lahanayı, unu, suyu, yumurtaları, yeşil soğanları ve pişmiş pastırma veya karidesleri (kullanılıyorsa) birleştirin. İyice karıştırın.

b) Yapışmaz bir tavayı veya ızgarayı orta ateşte ısıtın ve hafifçe yağlayın.

c) Hamurun ¼ su bardağını tavaya dökün ve daire şeklinde yayın.

ç) Altı altın rengi oluncaya kadar 3-4 dakika pişirin, sonra çevirin ve 3-4 dakika daha pişirin.

d) Kalan meyilli ile tekrarlayın. Okonomiyaki'yi mayonez, Worcestershire sosu ve soya sosuyla gezdirerek servis edin. Palamut pullarını serpin ve zencefil turşusu ile servis yapın.

79.Kırmızı Lahana Greyfurt Salatası

İÇİNDEKİLER:
- 4 su bardağı ince dilimlenmiş kırmızı lahana
- 2 su bardağı dilimlenmiş greyfurt
- 3 yemek kaşığı kurutulmuş kızılcık
- 2 yemek kaşığı kabak çekirdeği

TALİMATLAR:
a) Salata malzemelerini geniş bir karıştırma kabına alıp karıştırın.

80.Lahana ve Domuz Gyoza

İÇİNDEKİLER:

- 1 pound (454 gr) kıyma domuz eti
- 1 baş Napa lahanası (yaklaşık 1 pound / 454 g), ince dilimlenmiş ve kıyılmış
- ½ bardak kıyılmış yeşil soğan
- 1 çay kaşığı kıyılmış taze frenk soğanı
- 1 çay kaşığı soya sosu
- 1 çay kaşığı kıyılmış taze zencefil
- 1 yemek kaşığı kıyılmış sarımsak
- 1 çay kaşığı toz şeker
- 2 çay kaşığı koşer tuzu
- 48 ila 50 wonton veya hamur tatlısı sarmalayıcıları
- Pişirme spreyi

TALİMATLAR

a) Hava fritözü sepetine pişirme spreyi sıkın. Bir kenara koyun.
b) İç harcını hazırlayın: Ambalaj malzemeleri hariç tüm malzemeleri geniş bir kapta birleştirin. İyice karıştırmak için karıştırın.
c) Ambalaj kağıdını temiz bir çalışma yüzeyine açın, ardından kenarlarını biraz suyla silin. Ortasına dolgulu karışımdan 2 çay kaşığı kadar dökün.
ç) Sosu hazırlayın : Ambalajı dolduracak şekilde katlayın ve kapatmak için kenarlara bastırın. İsterseniz kenarlarını katlayın. Kalan ambalajlar ve dolgularla tekrarlayın.
d) Gyozaları tavaya yerleştirin ve pişirme spreyi sıkın.
e) Hava fritöz sepetini fırın tepsisine yerleştirin ve Raf Konumu 2'ye kaydırın, Havada Kızartma'yı seçin, sıcaklığı 360°F'ye (182°C) ve süreyi 10 dakikaya ayarlayın.
f) Pişirme süresinin yarısına gelindiğinde sosları çevirin .
g) Pişirildiğinde gyozalar altın rengi kahverengi olacaktır.
ğ) Derhal servis yapın.

81. Vejetaryen Wonton Çorbası

İÇİNDEKİLER:

- Wonton yiyecek folyosu
- 1/2 su bardağı doğranmış mantar
- 1/2 su bardağı doğranmış havuç
- 1/2 su bardağı doğranmış kereviz
- 1/2 su bardağı doğranmış lahana
- 1/4 su bardağı doğranmış yeşil soğan
- 2 diş sarımsak, kıyılmış
- 1 yemek kaşığı soya sosu
- 1 yemek kaşığı susam yağı
- 6 su bardağı sebze suyu

TALİMATLAR

a) Bir tavada mantarları, havuçları, kerevizleri, lahanayı, yeşil soğanları ve sarımsakları birkaç dakika soteleyin.

b) Soya sosunu ve susam yağını ekleyip sebzeler yumuşayana kadar pişirmeye devam edin.

c) Her wonton ambalajının ortasına küçük bir kaşık dolusu sebze karışımı koyun.

ç) Wonton ambalajının kenarlarını suyla ıslatın, ikiye katlayın ve kapatmak için bastırın.

d) Bir tencerede sebze suyunu kaynatın.

e) Wontonları tencereye ekleyin ve 5-7 dakika veya yüzeye çıkana kadar pişirin.

f) Sıcak servis yapın.

82. Lahana Balık Tacos

İÇİNDEKİLER:

- Morina veya tilapia gibi 1 pound beyaz balık
- 1/2 su bardağı ananas suyu
- 1/2 bardak hindistan cevizi sütü
- 1 yemek kaşığı koyu rom
- 1 yemek kaşığı zeytinyağı
- 1/2 çay kaşığı öğütülmüş kimyon
- 1/2 çay kaşığı kırmızı biber
- 1/2 çay kaşığı sarımsak tozu
- 1/2 çay kaşığı tuz
- 1/4 çay kaşığı karabiber
- Mısır ekmeği
- Kıyılmış lahana
- Ananas parçaları
- Şekersiz rendelenmiş hindistan cevizi
- Garnitür için kişniş

TALİMATLAR

a) Bir karıştırma kabında ananas suyunu, hindistancevizi sütünü, koyu romu, zeytinyağını, kimyonu, kırmızı biberi, sarımsak tozunu, tuzu ve karabiberi birlikte çırpın.
b) Balıkları karıştırma kabına ekleyin ve kaplayın.
c) Kasenin kapağını kapatın ve buzdolabında en az 30 dakika marine edin.
ç) Izgarayı orta-yüksek ısıya kadar önceden ısıtın.
d) Balığın her tarafı 2-3 dakika, iyice pişene kadar ızgarada pişirin.
e) Mısır tortillalarını ızgarada ısıtın.
f) 7. Her tortillaya birkaç parça balık koyarak ve üzerine kıyılmış lahana, ananas parçaları, şekersiz kıyılmış hindistan cevizi ve kişniş ekleyerek tacoları birleştirin.
g) Derhal servis yapın.

83. Lahana Salatası ile Domuz Bonfile Crostini

İÇİNDEKİLER:
- 2 yemek kaşığı zeytinyağı
- 2 diş sarımsak, kıyılmış
- ½ çay kaşığı tuz
- ¼ çay kaşığı karabiber
- 1 domuz bonfile, doğranmış
- ½-inç dilimler halinde dilimlenmiş 1 Fransız baget
- 3 yemek kaşığı tereyağı, eritilmiş
- 2 ons krem peynir, yumuşatılmış
- 2 yemek kaşığı mayonez
- 2 çay kaşığı doğranmış taze kekik, ayrıca garnitür için daha fazlası

ELMA VE LAHANA SALATASI
- 3 yemek kaşığı zeytinyağı
- ½ küçük Granny Smith elması, ince dilimlenmiş
- 2,5 su bardağı ince kıyılmış kırmızı lahana
- 2 yemek kaşığı balzamik sirke
- ¼ çay kaşığı tuz
- ¼ çay kaşığı karabiber

TALİMATLAR:

a) Orta boy bir kapta 2 yemek kaşığı zeytinyağı, sarımsak, tuz ve karabiberi birleştirin.
b) Domuz eti ekleyin ve kaplayın.
c) Plastik ambalajla örtün ve oda sıcaklığında 20 dakika marine etmeye bırakın.
ç) Fırını 350 dereceye kadar önceden ısıtın.
d) Fırına dayanıklı büyük bir tavayı orta-yüksek ateşte ısıtın. Domuz eti ekleyin ve her tarafını kızartın.
e) Tavayı fırına aktarın ve domuz etini 15-20 dakika kızartın.
f) Domuz eti tamamen soğutun ve ¼ inçlik dilimler halinde dilimleyin.
g) Krem peyniri, mayonezi ve kekiği küçük bir kasede birleştirin ve pürüzsüz hale gelinceye kadar karıştırın. Bir kenara koyun.

ELMA VE LAHANA SALATASI

ğ) 3 yemek kaşığı zeytinyağını tavada ısıtın.
h) Elmaları ekleyin ve sık sık karıştırarak 1 dakika pişirin.
ı) Lahanayı ekleyip 5 dakika pişirin.
i) Sirke, tuz ve karabiberi ekleyip sıvı buharlaşana kadar sık sık karıştırarak 4 ila 5 dakika pişirin.

MONTAJLAMA:

j) Baget dilimlerinin her iki tarafını eritilmiş tereyağıyla fırçalayın.
k) Kenarları hafifçe kızarıncaya kadar 350°C'de 10 ila 12 dakika pişirin.
l) Krem peynir karışımını her ekmek diliminin bir tarafına yayın.
m) Üstüne 1 ila 2 dilim domuz eti ekleyin.
n) Üzerine kırmızı lahanayı dizin.

84.Şeftali ve Lahana Mikro Yeşillikli Açaí Kase

İÇİNDEKİLER:
- ½ Bardak Lahana Mikro Yeşilleri
- 1 dondurulmuş muz
- 1 su bardağı dondurulmuş kırmızı meyveler
- 4 yemek kaşığı Açaí tozu
- ¾ bardak badem veya hindistan cevizi sütü
- ½ bardak sade Yunan yoğurdu
- ¼ çay kaşığı badem özü

GARNİTÜR:
- Kızarmış Hindistan cevizi gevreği
- Taze şeftali dilimleri
- Granola veya kızarmış fındık/tohumlar
- Bal çiseleme

TALİMATLAR:
a) Sütü ve yoğurdu büyük, yüksek hızlı bir karıştırıcıda karıştırın. Dondurulmuş Açaí meyvesini, mikro lahana yeşilliklerini ve badem özünü ekleyin.

b) Pürüzsüz olana kadar düşük devirde karıştırmaya devam edin, yalnızca gerekirse ilave sıvı ekleyin. Dondurma gibi kalın ve kremsi olmalı!

c) Smoothie'yi iki kaseye bölün ve üzerine en sevdiğiniz malzemeleri ekleyin.

85.Meyve ve Lahana Salatası

İÇİNDEKİLER:

- 2 Portakal , soyulmuş ve dilimlenmiş
- 2 Elma , doğranmış
- 2 su bardağı yeşil lahana , kıyılmış
- 1 su bardağı çekirdeksiz yeşil üzüm
- ½ su bardağı krem şanti
- 1 yemek kaşığı Şeker
- 1 yemek kaşığı Limon suyu
- ¼ çay kaşığı Tuz
- ¼ bardak Mayonez/salata sosu

TALİMATLAR:

a) Portakal, elma, lahana ve üzümleri bir kaseye koyun.
b) Krem şantiyi soğutulmuş bir kapta sertleşene kadar çırpın. Çırpılmış kremayı, şekeri, limon suyunu ve tuzu mayoneze katlayın.
c) Meyve karışımına karıştırın.

86.Pancar ve Mozzarellalı Kırmızı Kadife Salata

İÇİNDEKİLER:

- ½ kırmızı lahana
- ½ limon suyu
- 3 yemek kaşığı pancar suyu
- 3 yemek kaşığı agav şurubu
- 3 adet pişmiş pancar
- 150 gr Mozzarella peyniri küçük topları
- 2 yemek kaşığı ince doğranmış frenk soğanı
- 2 yemek kaşığı kavrulmuş çam fıstığı

TALİMATLAR:

a) Kırmızı lahanayı soyucuyla ince şeritler halinde kesin.
b) Bir karıştırma kabı alın ve pancar suyunu 2 yemek kaşığı agave şurubu ve yarım limon suyuyla karıştırın.
c) Bunu dilimlenmiş kırmızı lahana ile karıştırın ve yarım saat marine etmeye bırakın.
ç) Daha sonra lahananın bir elek içine süzülmesine izin verin.
d) Pişmiş kırmızı pancarlardan Parisienne kepçe ile küçük toplar elde edilir.
e) Bu toplara 1 yemek kaşığı agav şurubu serpin.
f) Çam fıstıklarını tavada altın rengi oluncaya kadar kavurun. Süzülen kırmızı lahanayı bir tabağa koyun.
g) Üzerine kırmızı pancarları ve Mozzarella toplarını koyun. Üzerine çam fıstıklarını ve ince kıyılmış frenk soğanlarını paylaştırın.

87.Lahana ve Portakal Suyu

İÇİNDEKİLER:

- 1 yeşil elma
- 1 portakal
- 1 çay kaşığı Spirulina tozu
- 4 yaprak kırmızı lahana

TALİMATLAR:

a) Yeşil elmanın çekirdeğini çıkarın ve portakalın kabuğunu soyun.
b) Bunları lahana ve Spirulina tozuyla birlikte bir meyve sıkacağına taşıyın.
c) Hemen suyunu sıkın ve servis yapın.

88. Çıtır Yosunlu Bahar Lahana Çorbası

İÇİNDEKİLER:

- 4 yemek kaşığı Tereyağı
- 1 su bardağı patates, soyulmuş ve doğranmış
- ¾ bardak doğranmış soğan
- Tuz ve taze çekilmiş karabiber
- 3¾ bardak Hafif ev yapımı tavuk suyu
- 3½ su bardağı Kıyılmış taze lahana yaprakları
- ¼ bardak krema
- Çıtır Yosun
- Savoy lahanası
- kızartmalık yağ
- Tuz
- Şeker

TALİMATLAR:

a) Tereyağını ağır bir tavada eritin. Köpürdüğünde patatesleri ve soğanları ekleyin ve iyice kaplanana kadar tereyağında çevirin. Tuz ve karabiber serpin. Kapağını kapatıp kısık ateşte 10 dakika kadar terletin. Et suyunu ekleyip patatesler yumuşayıncaya kadar pişirin.

b) Lahanayı ekleyin ve lahana pişene kadar kapağı açık olarak pişirin - 4 ila 5 dakika. Kapağı kapalı tutmak yeşil rengi korur.

c) Çıtır Deniz Yosunu yapmak için lahananın dış yapraklarını çıkarın ve saplarını kesin. Yaprakları puro şekline getirin ve çok keskin bir bıçakla mümkün olan en ince parçalara dilimleyin. Yağı fritözde 350 derece F'ye ısıtın. Biraz lahana atın ve birkaç saniye pişirin. Çıtırlaşmaya başlar başlamaz kağıt havluların üzerine çıkarıp süzün.

ç) Tuz ve şeker serpin. Atın ve çorbanın üzerine garnitür olarak servis yapın veya sadece ısırın.

d) Çorbayı blender veya mutfak robotunda püre haline getirin. Baharatı tadın ve ayarlayın.

e) Servis yapmadan önce kremayı ekleyin. Tek başına veya üstüne bir miktar Çıtır Deniz Yosunu ekleyerek servis yapın.

89. Lahana ve Nar Salatası

İÇİNDEKİLER:

- 1 su bardağı lahana – rendelenmiş
- ½ nar, çekirdekleri çıkarılmış
- ¼ Yemek kaşığı hardal tohumu
- ¼ yemek kaşığı kimyon tohumu
- 4-5 köri yaprağı
- Asafoetida'yı sıkıştırın
- 1 yemek kaşığı yağ
- Tatmak için tuz ve şeker
- Tatmak için limon suyu
- Taze kişniş yaprakları

TALİMATLAR:

a) Nar ve lahanayı birleştirin.
b) Hardal tohumlarını bir tavada yağla ısıtın.
c) Kimyon tohumlarını, köri yapraklarını ve asafoetida'yı tavaya ekleyin.
ç) Baharat karışımını lahanayla birleştirin.
d) Şekeri, tuzu ve limon suyunu ekleyip iyice karıştırın.
e) Kişniş ile süsleyerek servis yapın.

90.Turşu Goji Meyveleri ile Dana Salatası

İÇİNDEKİLER:

- 2 adet kaburga eti
- Kaju sosu

MARİNA İÇİN:

- 2 limon kabuğu rendesi
- 3 yemek kaşığı limon suyu
- 2 diş sarımsak, kıyılmış
- 1 yemek kaşığı taze rendelenmiş zencefil
- 1 yemek kaşığı bal
- 2 çay kaşığı balık sosu
- 1 yemek kaşığı kızarmış susam yağı
- 2 yemek kaşığı bitkisel yağ

TURŞU GOJİ BERRİLERİ İÇİN:

- 3 yemek kaşığı elma sirkesi, ısıtılmış
- 2 çay kaşığı bal
- ½ çay kaşığı ince tuz
- ⅓ bardak Goji meyveleri

SALATA İÇİN:

- 4 mini salatalık, ince dilimlenmiş
- 1 küçük mor lahana, doğranmış
- 1 küçük yeşil lahana, doğranmış
- 2 havuç, soyulmuş ve ince rendelenmiş
- 4 soğan, ince dilimlenmiş
- 1 kırmızı biber, tohumları kazınmış ve ince dilimlenmiş
- Her birinden ½ bardak, taze nane, kişniş ve fesleğen
- Bitirmek için 2 yemek kaşığı kızarmış susam tohumu
- ¼ çay kaşığı kurutulmuş kırmızı pul biber

TALİMATLAR:

a) Marine için, tüm malzemeleri küçük bir karıştırma kabına koyun ve birleştirmek için çırpın.

b) Biftekleri reaktif olmayan bir tabağa yerleştirin. Marine sosun yarısından fazlasını gezdirin. Birkaç saat marine etmek için üzerini örtün ve buzdolabına koyun. Salatayı süslemek için ayrılmış turşuyu saklayın.

c) Turşulanmış goji meyveleri için tüm malzemeleri bir kasede birleştirin. Mayalanması için 30 dakika bekletin.

ç) Marine edilmiş biftekleri ızgara yapmadan önce oda sıcaklığına getirin. Le Creuset 30cm Dökme Demir İmza Sığ Izgarayı sıcak olana kadar ısıtın. Biftekleri orta ateşte 3-4 dakika kızartın. Çevirip 3 dakika daha veya istediğiniz kıvama gelinceye kadar pişirin. Dilimlemeden önce 5-7 dakika dinlendirin.

d) Susam hariç tüm salata malzemelerini geniş bir kaseye koyun. Ayrılmış turşuyu ekleyin ve kaplamak için hafifçe fırlatın. Salatayı servis tabağına aktarın. Dilimlenmiş bifteği salatanın üzerine dizin. Susam serpin ve kaju sosunu yanında servis edin.

91.Lahana ve Pancar Çorbası

İÇİNDEKİLER:

- 1 Med Lahana; dilimlenmiş veya kama
- 3 Sarımsak; karanfil kıyılmış
- Pancar; demet
- 3 Havuç; bir kaç
- 1 Lg Soğan
- 2 Kereviz; saplar 3'te kesilmiş
- 3 pound Kemik; et/ilik kemikleri
- 2 Limon
- 2 kutu domates; boşaltma

TALİMATLAR:

a) Et ve kemikleri 8 veya 12 qt'lik bir tencereye koyun. Domatesleri kutulara koyun, üzerini suyla örtün ve kaynatın.

b) Bu arada sebzelerinizi hazırlayın. Pancar ve havuçları dilimleyin, diğerleri bütün olarak gider. Stok kaynayınca üstünü sıyırın.

c) Pancar, havuç, sarımsak ve diğer sebzeleri ekleyin. Isıyı en aza indirin ve kapağı eğik tutun.

ç) Yaklaşık bir saat sonra sarımsak ve şekeri ekleyin.

92.Krizantemli Kırmızı Lahana

İÇİNDEKİLER:

- 1 Kırmızı lahana, çekirdeği çıkarılmış ve ince
- ¼ bardak Tereyağı
- 1 Soğan, halka şeklinde dilimlenmiş
- 2 adet büyük elma, soyulmuş, çekirdekleri çıkarılmış, ince dilimlenmiş
- 2 yemek kaşığı Sarı krizantem yaprakları
- 2 yemek kaşığı esmer şeker
- Soğuk su
- 4 yemek kaşığı Kırmızı şarap sirkesi
- Deniz tuzu
- Biber
- Tereyağı
- Taze krizantem yaprakları

TALİMATLAR:

a) Kırmızı lahanayı kaynar suda 1 dakika haşlayın.
b) Boşaltın, yenileyin ve bir kenara koyun. Tereyağını bir tavada ısıtın, soğan halkalarını koyun ve yumuşayana kadar 4 dakika terleyin.
c) Elma dilimlerini karıştırın ve 1 dakika daha pişirin.
ç) Lahanayı, kapağı sıkıca kapanan, aleve dayanıklı, derin bir tencereye koyun.
d) Soğanı, elmaları ve kasımpatı yapraklarını karıştırın ve tüm malzemeleri tereyağıyla iyice kaplanacak şekilde çevirin.
e) Üzerine şekeri serpin ve su ve sirkeyi dökün. Hafifçe baharatlayın.
f) Düşük ateşte veya 325F/170/gaz 3 sıcaklıktaki fırında 1½ - 2 saat, lahana yumuşayana kadar pişirin.
g) Servis yapmadan hemen önce bir parça tereyağı ve biraz taze krizantem yaprağı ekleyin.

93.Lahana Tavada Kızartma

İÇİNDEKİLER:
- 1 küçük lahana, doğranmış
- 1 havuç, jülyen doğranmış
- 1 dolmalık biber, ince dilimlenmiş
- 2 diş sarımsak, kıyılmış
- 2 yemek kaşığı soya sosu
- 1 yemek kaşığı susam yağı
- 1 yemek kaşığı bitkisel yağ
- Tatmak için biber ve tuz

TALİMATLAR:
a) Bitkisel yağı bir tavada orta ateşte ısıtın.
b) Kıyılmış sarımsağı ekleyip kokusu çıkana kadar soteleyin.
c) Kıyılmış lahana, jülyen doğranmış havuç ve dilimlenmiş biberi ekleyin. Sebzeler yumuşayana kadar 5-7 dakika karıştırarak kızartın.
ç) Sebzelerin üzerine soya sosunu ve susam yağını dökün, iyice karıştırın.
d) Tatmak için tuz ve karabiber ekleyin.
e) Sıcak servis yapın ve tadını çıkarın!

94. Doldurulmuş Lahana Ruloları

İÇİNDEKİLER:

- 1 büyük lahana
- 1 lb kıyma
- 1 su bardağı pişmiş pirinç
- 1 soğan, ince doğranmış
- 1 kutu domates sosu
- 1 çay kaşığı İtalyan baharatı
- Tatmak için biber ve tuz

TALİMATLAR:

a) Lahana yapraklarını esnek hale gelinceye kadar kaynatın, ardından soğutun ve bir kenara koyun.
b) Bir kasede kıyma, pişmiş pirinç, doğranmış soğan, İtalyan baharatı, tuz ve karabiberi karıştırın.
c) Her bir lahana yaprağının üzerine karışımdan birer kaşık koyun ve sıkıca yuvarlayın.
ç) Ruloları bir fırın kabına dizin, üzerine domates sosunu dökün.
d) 30-40 dakika boyunca 350°F (175°C) sıcaklıkta pişirin.
e) İlave sosla servis yapın ve tadını çıkarın!

95.Lahana ve Sosis Çorbası

İÇİNDEKİLER:

- 1/2 baş lahana, doğranmış
- 1 lb tütsülenmiş sosis, dilimlenmiş
- 1 soğan, doğranmış
- 2 havuç, dilimlenmiş
- 3 diş sarımsak, kıyılmış
- 4 su bardağı tavuk suyu
- 1 kutu doğranmış domates
- 1 çay kaşığı kurutulmuş kekik
- Tatmak için biber ve tuz

TALİMATLAR:

a) Büyük bir tencerede sosisleri rengi dönene kadar soteleyin.
b) Soğan ve sarımsağı ekleyip yumuşayana kadar pişirin.
c) Lahana, havuç, tavuk suyu, doğranmış domates, kekik, tuz ve karabiberi karıştırın.
ç) Sebzeler yumuşayana kadar 20-25 dakika kadar pişirin.
d) Baharatını ayarlayıp sıcak servis yapın.

96. Limon Soslu Lahana Salatası

İÇİNDEKİLER:

- 1/2 baş kırmızı lahana, ince dilimlenmiş
- 1 su bardağı rendelenmiş havuç
- 1/4 bardak doğranmış taze maydanoz
- 1/4 su bardağı zeytinyağı
- 1 limonun suyu
- 1 yemek kaşığı bal
- Tatmak için biber ve tuz

TALİMATLAR:

a) Büyük bir kapta dilimlenmiş lahanayı, rendelenmiş havuçları ve kıyılmış maydanozu birleştirin.
b) Küçük bir kapta zeytinyağı, limon suyu, bal, tuz ve karabiberi birlikte çırpın.
c) Sosu lahana karışımının üzerine dökün ve birleştirmek için fırlatın.
ç) Servis yapmadan önce 30 dakika buzdolabında bekletin.

97. Lahana ve Patates Körisi

İÇİNDEKİLER:

- 1 küçük lahana, doğranmış
- 3 patates, soyulmuş ve doğranmış
- 1 soğan, ince doğranmış
- 2 domates, doğranmış
- 2 yemek kaşığı köri tozu
- 1 çay kaşığı kimyon tohumu
- 1 çay kaşığı zerdeçal
- 1 bardak hindistan cevizi sütü
- Tatmak için tuz

TALİMATLAR:

a) Bir tavada yağı ısıtın ve kimyon tohumlarını ekleyin. Parçalandıklarında doğranmış soğanları ekleyin ve altın rengi kahverengi olana kadar soteleyin.

b) Köri tozu ve zerdeçal ekleyin, bir dakika karıştırın.

c) Küp küp doğranmış patatesleri ve domatesleri ekleyin, patatesler biraz yumuşayıncaya kadar pişirin.

ç) Kıyılmış lahanayı, hindistancevizi sütünü ve tuzu ekleyin. Kapağını kapatıp sebzeler pişene kadar pişirin.

d) Pirinç veya ekmekle sıcak olarak servis yapın.

98. Lahana ve Karides Tavada Kızartma

İÇİNDEKİLER:

- 1 küçük lahana, ince dilimlenmiş
- 1 lb karides, soyulmuş ve ayrılmış
- 1 kırmızı dolmalık biber, dilimlenmiş
- 2 yemek kaşığı soya sosu
- 1 yemek kaşığı istiridye sosu
- 1 yemek kaşığı zencefil, kıyılmış
- 2 yemek kaşığı bitkisel yağ
- Garnitür için yeşil soğan

TALİMATLAR:

a) Bitkisel yağı bir wok veya büyük tavada ısıtın.
b) Kıyılmış zencefili ve dilimlenmiş dolmalık biberi ekleyin, 2 dakika karıştırarak kızartın.
c) Karidesleri ekleyip pembeleşene kadar pişirin.
ç) İnce dilimlenmiş lahanayı atın ve lahana yumuşayana kadar karıştırarak kızartın.
d) Soya sosunu ve istiridye sosunu kızartmanın üzerine dökün, iyice karıştırın.
e) Yeşil soğanla süsleyip pilavın üzerinde servis yapın.

99.Lahana ve Mantar Tavada Kızartma

İÇİNDEKİLER:

- 1 küçük lahana, ince dilimlenmiş
- 1 bardak mantar, dilimlenmiş
- 1 kırmızı soğan, ince dilimlenmiş
- 3 yemek kaşığı soya sosu
- 1 yemek kaşığı pirinç sirkesi
- 1 yemek kaşığı susam yağı
- 1 çay kaşığı şeker
- 2 yemek kaşığı bitkisel yağ

TALİMATLAR:

a) Bitkisel yağı bir wok veya tavada ısıtın.
b) Dilimlenmiş mantarları ve kırmızı soğanı ekleyin, mantarlar suyunu çekene kadar karıştırarak kavurun.
c) İnce kıyılmış lahanayı ekleyip sebzeler yumuşayıncaya kadar kavurmaya devam edin.
ç) Küçük bir kapta soya sosu, pirinç sirkesi, susam yağı ve şekeri karıştırın. Sebzelerin üzerine dökün ve birleştirmek için fırlatın.
d) Garnitür olarak veya pilavın üzerinde sıcak olarak servis yapın.

100. Lahana ve Fıstık Salatası

İÇİNDEKİLER:

- 1/2 baş kırmızı lahana, kıyılmış
- 1 su bardağı rendelenmiş havuç
- 1/2 su bardağı kıyılmış fıstık
- 2 yemek kaşığı soya sosu
- 1 yemek kaşığı pirinç sirkesi
- 1 yemek kaşığı susam yağı
- 1 çay kaşığı bal
- Garnitür için doğranmış kişniş

TALİMATLAR:

a) Büyük bir kapta rendelenmiş kırmızı lahana ve rendelenmiş havuçları birleştirin.
b) Küçük bir kapta soya sosu, pirinç sirkesi, susam yağı ve balı birlikte çırpın.
c) Sosu lahana karışımının üzerine dökün, iyice kaplanana kadar karıştırın.
ç) Üzerine kıyılmış fıstık ve kişniş serpin.
e) Servis yapmadan önce 30 dakika buzdolabında bekletin.

ÇÖZÜM

"Sağlıklı Lahanalar ve Kimchi Yemek Kitabı" ile leziz yolculuğumuzu tamamlarken, besin açısından zengin lahanaları ve kimchi'nin cesur lezzetlerini mutfak repertuarınıza dahil etmenin mutluluğunu yaşadığınızı umuyoruz. Bu sayfalardaki her tarif, lahana çeşitlerinin ve fermantasyonun dönüştürücü gücünün bir kutlamasıdır; mutfağınızda bekleyen lezzetli ve sağlıklı olanakların bir kanıtıdır.

İster Napa lahanası kimchi'nin klasik keskinliğini tatmış olun, ister yaratıcı kırmızı lahana kimchi'sini denemiş olun, ister Savoy lahanasının kimchi çeşitlerindeki çok yönlülüğünü benimsemiş olun, bu 100 tarifin lahana ve kimchi dünyasını keşfetme hevesinizi ateşlediğine inanıyoruz. Malzemelerin ve tekniklerin ötesinde, sağlıklı lahana ve kimchi yapımı kavramı bir ilham kaynağı haline gelebilir ve mutfağınızı besleyici ve lezzetli kreasyonların merkezi haline getirebilir.

Lahana ve kimchi dünyasını keşfetmeye devam ederken, "Sağlıklı Lahanalar ve Kimchi Yemek Kitabı", bu malzemelerin iyiliğini sofranıza getiren çeşitli lezzetli seçenekler konusunda size rehberlik edecek güvenilir arkadaşınız olsun . Lahanalar ve kimchi ile yapılan sağlıklı ve lezzetli yolculuğu kutlamak için buradayız; afiyet olsun!

www.ingramcontent.com/pod-product-compliance
Lightning Source LLC
Chambersburg PA
CBHW071336110526
44591CB00010B/1168